信じることをためらっている人へ

キリスト教「超」入門

岡野

新教出版社

装丁・挿画　峯田敏幸

まえがき

本書は拙著『イエスはなぜわがままなのか』（アスキー新書、二〇〇八年六月刊）の再版（改題）です。原著の成り立ちは次のような次第です。親しい編集者から、聖書をよく読むと、一般の人がキリスト教やイエスについて持っているイメージとは違った、不可解あるいは不条理な話が書いてあるが、クリスチャンは本気でそれを信じているのか、いったいキリスト教とはどういう宗教なのか、本を書いてほしいと頼まれました。

そういうことは牧師や聖書学者に聞いたら良いと断りましたが、キリスト教に特別な使命を持っている専門の人たちではなく、自分たちと同じような普通の社会生活をしている人たち、しかし自分たちと違ってキリスト教信仰を持っている人たちが、自分たちとどこがどう違うのか、クリスチャンの本音が聞きたいと食い下がられました。自由にしゃべってくれたら文章はまとめると言われ、ひとりの信仰者としてもそのような真剣な問いかけから逃げるわけにもいかず、それから編集者とライターさんと三人で何回も時間をかけてキリスト教をめぐるいろいろなテーマについて話し合いました。それをまとめたのが本文です。コラムは、聖書を読んだことも教会に行ったこともない一般読者のために、編集者の意向で加えたものです。

そのようなわけで、本書はキリスト教の教理を体系的に説明したものではありません。また神学的な訓練を受けた専門家が書いたものでもありません。高校生の時にふとしたきっかけで信仰の道に入り、それから数十年、主としてアウグスティヌスというキリスト教思想家の研究をしてきたため、聖書やキリスト教の歴史について多少の知識はあるものの、ごく平凡な信仰生活を送ってきた一信徒の経験を語っただけに過ぎません。ただ、クリスチャン人口が少ないと言われるにもかかわらず、かなり高度な神学書や翻訳書が出版され、また信仰書と言えば何か劇的な経験をした信徒の話が多いために、キリスト教が日常生活からは縁遠いように思われているのではないかと感じていましたので、大きな波乱万丈もない普通の生活をしている信徒の信仰経験も多少は役立つのではないかと考えました。すでに喜寿を迎え、書き直すエネルギーもありませんし、時の勢いというものもありますので、本文については、多少文字づかいを改めたほかは八年前の原著のまま手を加えていません。もっといろいろな人がそれぞれの立場からこのような本を新しく書いてくださり、本書の役目が終わることを期待しています。

すべての人は、クリスチャンとしてではなく、まずは人間として生まれてきますから、人間としてどのように生きるかということは、誰も避けて通ることのできない共通の課題です。ですから、最初から信仰ありきというのではなく、人間として生きるという課題を背負った共通の地盤で信仰の問題を考えることが大切だと思います。本書を通じて伝えたかったのは、信仰は特別な一部の人にだけ関わりのある非日常的な経験ではないということ、そして人間らしく生きるという課題に誠実に応えようとすれば、受け入れるかどうかは別にしてどこかで出会わなければならない問題でもあるのだということです。

キリスト教信仰に入るのに、特別に劇的な体験が必要なわけではありません。また、すべてを理解し、納得してからでなければならないというわけでもありません。信仰はゴールではなくスタートです。むしろ信仰の道に入ってからさまざまな課題が見えてきて、迷い悩むことが多くなるでしょう。そこから目を逸らさないことです。信仰を与えられるきっかけはいろいろであっても、あれこれ言い訳を考えて逃げるのではなく、最後まで持続することが大事だと思います。

自分を偽らないで正面から向き合い続ける、それが今年洗礼を受けて六十周年を迎えた老輩の率直な感想です。こんな信仰生活もありなのだ、そんな気楽な気持ちでお読みいただけたら幸いです。

目　次

まえがき……3

第1章　イエス様、それは理不尽すぎませんか？……13

新約聖書には意外なエピソードがいっぱい

空腹のあまり、イチジクの木を呪って枯らす……15

わがままなイエス　聖書は、聖書学なしに読めなければならない　どうせ奇跡なら、なぜ実をならせない？　聖書はやっかいなもの

豚を集団自殺させる……22

動物の命は大事ではないのか？　イエスも豚が嫌い　聖書は道徳ではない　奇跡なんて信じているの？

〈コラム〉旧約聖書と新約聖書　32

動物を鞭でたたき出し、市場をめちゃくちゃにする……34
短気なイエス、怒れるイエス　正当な理由があった……からいいのか？
イエスは無抵抗？、イエスは非暴力？

〈コラム〉キリスト教の十の戒め　44

「わたしは、平和ではなく剣をもたらすためにきた」……46
愛の人のはずが……　イエスは家族とぎくしゃくしていた？　絶対平和主義ではないイエス　家族を敵とする

弟子に「おまえなんか生まれてこなければよかった」……57
かわいそうなユダ　イエスが憎んだ罪　さらに不幸な「ユダ物語」の行く末

〈コラム〉「預言者」って何？　66

理不尽なイエス像がもたらすもの……68
イメージとかけ離れたイエスの姿　イエスは過激派　ラディカルなイエス

第2章　言葉が招く、聖書への大いなる誤解……75

キリスト教に対する誤解の元は？

罪は悪ではない……78
生まれながらに罪人？　罪とはあとからわかること　善と悪

教会は建物でも組織でもない……85
教会と言われて浮かぶイメージは　見える教会、見えない教会　普遍的な教会　教会と聖書

〈コラム〉**カトリックとプロテスタント**　90

祈りは願いではない …… 92
何も願わないのに祈る？　さまざまな種類の「祈り」　何のために祈るのか
真実は事実ではない …… 97
聖書の記述はすべて事実？　事実と真実　真実と自由
〈コラム〉**牧師と神父はどう違う？** 102

第3章　「信じる」という感覚 …… 105

信仰は非日常的な感覚？

信じるのはなぜか …… 108
普通の人なのに自分と違う？　信仰と一目惚れ　信仰は出発点　信仰と哲学
〈コラム〉**洗礼って何？** 120

目　次

信じたら何かいいことがあるのか……122
「ご利益《りやく》」はない　「神は愛」だから安心？　イエスとの関係　自分自身から解放される

「復活」はなぜ重要なのか……130
復活と受容感　十字架というシンボルが示すもの　復活と生き返りは違う　肉体を持ったイエス　新しい命の希望　復活に「神の愛」がある

世界にはなぜ残酷なことがあふれているのか……140
神は全能ではないのか　与えられたものを概観する　神を否定しようとも　人間の責任

神とは何か……145
イエスと神は同じなのか　神を定義する　わからないから信じる　命の贈り主に応える

あとがき……153

第1章　イエス様、それは理不尽すぎませんか？

新約聖書には意外なエピソードがいっぱい

キリスト教の聖典である新約聖書。この書物には、イエス・キリストのさまざまな言行が記されています。処女マリアから生まれた、水の上を歩いた、十字架にかかって死んだ、といったお話は有名です。一般的には、ありがたいお話が書いてある書物、そんなイメージでとらえられているかと思いますし、確かに、そのような事柄も多く記されています。

しかし実は、その中に混じって、なんとも不可解なエピソードがあるのです。有り体に言えば、わがまま、乱暴、理不尽。クリスチャン以外が読んだら、きっとそう思うはず（いや、クリスチャンでもそう思う人は多いかもしれませんね）。

そんな理不尽なエピソードをいくつかごらんに入れましょう。あなたはそれをおかしいと思うでしょうか？　それとも特に問題とは思わないでしょうか？

そもそもそれが理不尽なのかどうか、また、なぜ世界の多くの人が信じる宗教の聖典にそんなエピソードが載っているのかについて、これから考えていきたいと思います。

それではさっそく、最初のわがままエピソードを見てみましょう（以下で紹介するエピソードは聖書を読みやすくまとめたものです。それぞれに元となった聖書箇所が記してありますので、ぜひ聖書を開いて正確な記述を読んでみてください）。

空腹のあまり、イチジクの木を呪って枯らす

イエス様は弟子たちとともに、町々を旅して、自らの教えを伝えていました。そんな旅の途中のある日のことです。

朝早く町を出ようとしたとき、イエス様は空腹を感じました。辺りを見回すと、ちょうど葉っぱの茂ったイチジクの木があります。喜んだイエス様は、実がなっているのではないかとさっそくイチジクの木に近寄りましたが、実のなる季節ではなかったため、木には葉っぱしかついていませんでした。

それを見たイエス様は、イチジクの木に向かって言いました。

「今から後いつまでも、お前には実がならないように」

そのとたん、木はすっかり枯れました。一緒にいた弟子たちはびっくりして、イエス様に尋ねました。

「なぜ、たちまち枯れてしまったのですか」

イエス様はそれに答えて、

「信じて祈るならば、求めるものは何でも得られる」

と言いました。（マタイによる福音書21章18―22節）

わがままなイエス

お腹がすいた時に実がなっていないからといってイチジクの木を呪った⁉　もしそうだとしたら、なんと自分勝手で短絡的な行動でしょうか。

枯らされたイチジクの木にとっては、あまりに理不尽な話ですし（なにせ、実のなる季節ではなかったのですから）、枯らしてしまったせいで、イエス自身も今後その木からイチジクの実を食べることができません。誰にとってもいいことはありません。

それに、これが野生の木ではなく、誰かが家の庭に植えて世話をしていた木だったとしたら。ある朝、家の外に出てみたら唐突に木が枯れていたということでは、その家の人もたまったものではないでしょう。唖然とする持ち主の顔が思い浮かぶようです。

これを見ていた弟子たちもびっくりしたことでしょう。自分たちが信じて付き従ってきたイエスが、突然「お腹すいてるのに！」と怒って木を呪い枯らしているのです。私だってその場にいたら驚くだろうと思います。「やめてください！」と叫んでしまうかもしれません。

イエスの行いはすべて、人々に幸せをもたらすものだと信じている人にとってはなおさら、このイエスの行動は衝撃的に映ることでしょう。

イエス・キリストが起こした奇跡といえば、一般的には、水をぶどう酒に変えたり、水の上を歩いたり、病気の人を癒したり、といったエピソードが有名ですが、これらはすべてよい結果をもたらす奇跡であり、読者にイエスの力のすばらしさを伝えています。しかし、イチジクの木を枯らしたというこの奇跡だけが唯一、誰にとっても悪い結果をもたらしているように見える、不可解なエピソードです。

また、イエスは聖書の他の箇所で、「空腹ならば、石をパンに変えてみろ」と誘惑してきたサタンに対して「人はパンのみで生きるものではない」と毅然と答えた人でもあるのです。そんな立派なことを言ったイエスが、空腹のあまり罪のないイチジクに八つ当たり。普通に受け取れば、「イエスは矛盾している」と思うことでしょう。

聖書は、聖書学なしに読めなければならない

イエスはなぜこんな行動をとったのでしょうか。聖書を書いた人々は、どういう意図で、イエスが理不尽だと思われるようなエピソードをわざわざ書き残したのでしょうか。

聖書を学問の対象として研究する「聖書学」というものがあります。これは聖書に使われた言語や執筆された時期、その時代背景などにも注目しながら、それぞれの文書の

内容を解釈する学問です。その研究者の中には、イチジクの木を当時の堕落したイスラエルの象徴ととらえて、このエピソードを、「堕落したイスラエルの人々に対する怒りの表現だ」と解釈する人がいます。つまり、神が望む実をつけていないイチジクの木は、神を敬う人のいなくなったイスラエルを示していて、イエスはそれを厳しく裁いたのだろう、というのです。この他にも、イエスの行為を正当化するようなさまざまな説明が試みられています。

研究者による解釈は、正しいかもしれないし正しくないかもしれません。しかしそれが正しいかどうかを考えることが、本書の目的ではありません。

クリスチャンを含めほとんどの人が、それが書かれた背景などを知らずに聖書を読みます。ですからかなり豊富な知識がなければ、イチジクが何かの象徴であると解釈することは困難です。

歴史的な背景や当時の比喩の使われ方を知ることで、より聖書の理解が深まるという側面があるのは確かです。しかし、少なくとも聖書を書いた人々は、そのような補助的な知識はなくてもよいと判断し、伝えるために必要充分な言葉をすべて入れてこのエピソードを記したはずです。聖書学者に解説してもらいながら読んでもらうことを想定したわけではないでしょうし、実際そのような解説なしに読んで、少なからぬ人が信仰を持つに至ったのが聖書なのです。

聖書の記述そのものを素直に受け取って理解できる範囲で、書き手の意図は考えられるはずです。ですから、本書では聖書学や歴史学の観点ではなく、記述そのものから意図を考えていこうと思います（聖書を読むにあたっては、クリスチャンにとってもそういった読み方が必要なのですが、その理由については、おいおい説明していきましょう）。

どうせ奇跡なら、なぜ実をならせない？

しかし、そのような読み方をした時ほど、このイチジクのエピソードには頭を悩ませてしまうことになります。

そのまま読めば、イエスが腹いせにイチジクを呪い枯らしているようにしか見えません。どうしてイエスはそんなことをしたのか。また、そんなイエスの姿がなぜわざわざ聖書に書き残されることになったのか。聖書は、歴史的事実を書き留めるための書物ではありませんから、都合の悪いことは書かなくてもかまわないはずなのです。

そのうえさらに不可解なのは、弟子たちの質問に対する、イエスの答えでしょう。「なぜ枯れてしまったのですか」と、言外に「まさかお腹すいた腹いせじゃないですよね……」とおそるおそる聞いた弟子たちに対してイエスは、質問の趣旨からずれた（ように見える）答えをします。

「信じて祈るならば、求めるものは何でも得られる」――正確には、「あなたがたも信仰を持ち、疑わないならば、イチジクの木に起こったようなことができるばかりでなく、この山に向かい、『立ち上がって、海に飛び込め』と言っても、そのとおりになる。信じて祈るならば、求めるものは何でも得られる」と言った、と聖書には書かれています。

そりゃ、おっしゃるとおり完全な信仰があれば何でもできるってこともあるかもしれませんし、あなたは完全な方なのでしょうが、それにしてもその力で木を枯らしちゃうなんて、ちょっと理不尽すぎませんか？　あなたの力には敬服しますが、それをこんなふうに用いるのはいかがなものでしょう？　とイエスに問いかけたくなります。

信仰を持てば奇跡も起こせる。そのように教えるために奇跡を見せるのであれば、木を枯らせるのではなく、むしろ実をたわわにならせたほうがよくはないでしょうか。読者にイエスのすばらしさを伝えたいならば、そのほうがよっぽど効果的です。

聖書はやっかいなもの

まことに困ったエピソードです。私はかつてキリスト教学校の学院長をしていたので、ときどき朝の礼拝で中学・高校の生徒たちに聖書の話をしました。その際には、聖書の話を通して生徒たちの命がどれだけ大切か、また、神がどれだけ皆さんのことを愛しているのか、といったことを伝えるよう心がけていたのですが、それだけに、こういった理解のできないエピソードはできれば避けて通りたいというのが正直な気持ちでした。教会でもこのエピソードが話されることはめったにありません。きっと牧師さんたちも同じ気持ちなのでしょう。

そのようなわけで、私は生徒たちにこのイチジクのエピソードを話したことはありませんでした。ではもし生徒から「腹いせにやったのですか？」と聞かれていたら、どう答えたでしょう。もちろん、その質問の意図にもよるのですが、率直に「わからない」と答えたと思います。イエスだからといって、その行動はすべて正しいと信じ込むのが信仰だとは思いません。また、「イエスが腹いせにこんなことをするはずがない」と無理な解釈をつけることもないのです。

これが普通の人間の仕業だったら、私も「腹いせだろう」と考えてすませてしまうでしょう（ひどいようですが）。しかし神であるイエスがこんなことをしたからこそ、初めて「どうしてだろう？」と考えるようになるのです。イエスを信じている人間にとっては、受け入れがたいエピソードだからこそ、考えることを要求されるのです。

「考える」ことを私たちにさせる、それがこのエピソードのもたらす効果のひとつともいえます。そしてそれは、聖書全体を通して言えることでもあります。

とはいえ、聖書に矛盾があったり理不尽なことが書いてあったりしてもいいのか？

どうしてそんな書物を信じられるのか？　という疑問は残るでしょう。

その話をする前に、もうひとつ、読む者に疑問を抱かせるイエスのエピソードをご紹介しましょう。

豚を集団自殺させる

イエス様と弟子たちが、湖の近くにある町に着いた時のことです。

そこには悪霊に取り憑かれた二人の男がいました。彼らは非常に凶暴だったので、誰も彼らのまわりを通れないほどでした。

その男たちは墓場から出てきて、イエス様のところへやってきたかと思うと、突然「神の子、かまわないでくれ！」と叫び、遠くにいるたくさんの豚の群れを指して「我々を追い出すのなら、あの豚の中にやってくれ」とイエス様に頼みました。

イエス様がひと言「行け」と言うと、悪霊は二人から出て、豚の中に入りました。

すると豚の群れはドドッと走り出して崖を下って湖になだれ込み、みんな水の中で死にました。

それを見ていた豚飼いたちは恐ろしくなって町の人たちに一部始終を知らせ、人々はイエス様にその町から出て行ってもらいたいと頼みました。

（マタイによる福音書8章28―34節）

動物の命は大事ではないのか？

聖書の中には、イエスが生涯を通じて、貧しい人や病気の人、また当時差別されていた人々に寄り添い、彼らを癒したことが書かれています。ある時は病を治し、ある時は障がいを取り除き、またある時は涙を流して心の痛みを共に担いました。聖書はそんな「癒し人」イエスの姿をさまざまなシーンで報告しています。そう、イエスは命に優劣をつけることなく、すべてを愛し、大切にした……はずなのですが、では、動物の命は？

悪霊に取り憑かれた人を救うため、悪霊をその人から立ち去らせたというこのエピソードは、人間の側に視点をおけば癒しの奇跡です。しかし、その人を救うために、ものすごい数の豚が犠牲になってしまった。これはどうしてなかなか、残酷な話ではありませんか。たまたまその辺りでのんびりエサを食べていたがために、悪霊祓いの犠牲となってしまったわけです。悪霊を祓うのはいいけど、もうちょっと他の方法はなかったのだろうかと考えてしまいます。

このエピソードは、イエスの行為を見ていた町の人たちが、町から出て行ってもらいたいとイエスに頼むところで終わっています。聖書によれば、それはイエスの力のすごさに恐れをなしたためだということですが、実は大切な豚を殺されて怒っていたからではなかろうかとすら思えてきます。彼らにとって豚は財産であり、生計を立てるために必要な存在だったわけですから。

イエスも豚が嫌い

当時のユダヤ人社会では、豚は汚れた動物として嫌悪されていました。ユダヤ教徒は今でもけっして豚を食べませんが、それは豚が汚れたものとされ、けっして食べてはならないと律法（神が与えた掟）に定められているからです。ですから当然、豚を飼うことも嫌悪されたわけですが、近くのギリシア人はそれを好んで食用としていたために、この地方には豚を飼って生計を立てている豚飼いがいたと思われます。彼らはユダヤ人から見ると忌むべき人々であり、さらにそれを食べるギリシア人は汚れた異教徒でした。

そんな「豚差別」意識がイエスにもあったのは確かでしょう。彼は実際に二千年前のユダヤに生きた一人の人間でユダヤ教徒だったわけですし、確実にその時代の価値観に影響されていました。実際に、有名な「豚に真珠」の格言は、誰あろう、イエス・キリストの言葉です。聖書にはイエスがこのように言ったと記されています。

「神聖なものを犬に与えてはならず、また、真珠を豚に投げてはならない。それを足で踏みにじり、向き直ってあなたがたにかみついてくるだろう」（マタイによる福音書7章6節）

豚のみならず、犬までも……。犬好きな人には耐え難いことでしょうが、犬もまた、当時のユダヤ社会では汚れたもの、愚かなものの象徴として蔑まれていたのです。そしてイエスもそういった価値観を持っていたからこそ、このたとえをしたのでしょう。

こういったイエスの感覚は、動物愛護の精神が浸透している現代に生きる私たちにとっては、どうしても違和感をぬぐえない感覚です。しかし人間は動物よりも優れた存在であり、また、その動物の中にも食べてよい清いものと、食べてはいけない汚れたものがある、という考え方をしていた当時の人々にとっては、豚が人間より価値のないものであるという意識は当然のことだったのでしょう。ですから、イエスが悪霊を豚に乗り移らせて豚を集団自殺させてしまったという記事も、当時の人々にとっては何の違和感もないものであり、むしろ汚れた動物も一緒に退治したという点でイエスの働きの尊さが強められたのではないかと思われます。

しかし、現代の私たちには当然、私たちなりの反応があります。ですからイエスの動物観に対しても、やっぱりひどいよね、と思うのは当然のことで、むしろそのような批判は大切にすべきだと思います。イエスを擁護するために当時の価値観までを支持する必要はありません。

聖書は道徳ではない

聖書では「すべての命は神がつくった」ことになっています。そういう意味では、

「すべての命を大事にする」ことには、イエスも同意するでしょう。イエスの行為も、さすがに豚を殺してもよい、と教えるためのものではありません。

　さきほどのイチジクの木のエピソードといい、私もまだ納得はできていません。しかし、納得できないからといって、間違っていると憤ったり、信じられなくなるわけではないのです。それは、納得できないということと、それが間違っているという結論とが直接結びつかないからです。そして、納得できないけれども、実は私はこのイエスの姿を意外だとも思っていないのです。

　私も含め、クリスチャンの多くは、すべてに納得しているからキリスト教を信仰しているのではありません。この点が多くの人が誤解しがちなところなのですが、聖書は道徳の教科書ではないのです。言ってみれば当たり前の話なのですが、イエスの言動には道徳に通ずるものが多いので、イエスは道徳的に正しいはずだとか、立派な行いをしたはずだと思われがちです。しかし、聖書はそういった性質の書物ではありません。

　なぜ、聖書に納得できないエピソードが載っているのか、なぜクリスチャンはそれを受け入れられるのかと問われれば、聖書は道徳の本ではないから、というのがひとつの答えです。

「納得できる」ということは、「理解できる」ということです。「すべて理解できるもの」を信じるというのであれば、それはそもそも信仰ではない、と私は思っています。では、信仰とはなんなのか？　それは後の章で詳しく述べましょう。

奇跡なんて信じているの？

聖書を読む時に納得できなくてもかまわない、ということはおわかりいただけたでしょうか。では、とうてい事実とは思えないような「奇跡」についてはどうなのでしょう。この豚のエピソードも、イチジクの木のエピソードもそうですが、聖書にはたびたびイエスが起こした奇跡が記され、イエスの超人間的な力が強調されています。納得できなくても信仰しているのならば、クリスチャンはこういった奇跡が実際に起こったと信じているのでしょうか。病気を治したとか、水をワインに変えたとかならともかく、海の上を歩いたなんてことが現実にあるとはとても考えられませんよね。

前述したように、そもそも聖書は歴史的事実を書き留めた書物ではありません。しかし、だからといって、フィクションでもなければ、自由な思想を述べたものでもありません。そういう意味で聖書は他のどんな書物とも違います。

新約聖書はいわば「証言集」のようなものです。キリスト教の世界では「信仰の証言」「証し」と言ったりします。つまり何人もの著者が、自分が出会った神（イエス）

がどのようなものであるかを、なんとか他の人々に伝えようとしたものなのです。ですから、記されたエピソードのひとつひとつに、証言としての何らかの意味があります。それが正確なイエスの姿であったかどうかはもはや確かめようもありませんが、そこから実際のイエスの姿の手がかりをつかむことができます。

たとえば、大きな犬を見た人が、そのあまりの大きさに「熊に遭った！」と思ってそう証言したとしたら、その証言に意味はないのでしょうか？　「熊に遭った」と思うような何かが起こったのだと解釈して、状況を推測する手がかりとできるはずです。

その姿勢は、奇跡の記述に関しても同じです。それを記した人は、確かに何らかの常ならぬ体験をし、それを今私たちに残されているような形で書き残した。そしておそらくその体験は、それ以外に書きようのない出来事だったのでしょう。その意味で、奇跡の記述は「事実」かどうかにかかわらず、「真実」だと私は思っています。

わかりにくいといけませんから、もうひとつたとえを挙げましょう。ある時、たいへん美しい夕焼けを目にしたとします。みなさんがその美しさを人に伝えようと思ったら、どんな表現をするでしょうか。太陽の光はもともと白いのだけれど、それが空気の層を通して屈折し、その屈折率によって夕刻には赤く見えるため……云々と、長々と科学的原理を説明したところで、おそらくその美しさは伝わらないでしょう。それよりも、たとえばひと言「空にレンゲが咲いたようでした」と表現したほうが、よりダイレクトに夕焼けの様子を伝えられるはずです。そしてそこでは「空にレンゲが咲くはずはない」という科学的な検証は問題にはなりません。

同じように、たとえばイエスが水の上を歩いたという記事を証明しようとして「ものすごい小股で、ものすごい速さで進めば、歩けないこともないのでは」などと議論することは――おもしろくはありますが――本質からは、ずれたことでしょう。

また、奇跡が絶対にないとも言い切れませんが、その奇跡が科学的な事実として実際に起きたことかどうかは、たいがいのクリスチャンにとっては大切ではないことです（事実だと信じている人ももちろんいます）。

奇跡に限らず聖書に書かれていることは、その証言が指さしている先の真実を見せるための表現である。だから指そのものにばかり気をとられず、それがさしている先を見るようにする、この基本的な姿勢がわかれば、理不尽に見えるエピソードをクリスチャンが受け入れられる理由が少しはわかってくるかと思います。

〈コラム〉旧約聖書と新約聖書

キリスト教の聖書は、「旧約聖書」と「新約聖書」と呼ばれる二種類で構成されています。旧約聖書には、天地創造から始まるイスラエル民族の歴史が綴られています。有名なアダムとエバ（イブ）の話や天地創造の物語、モーセが海を割った話などはこちらに載っています。新約聖書の内容は、イエス・キリスト一色です。そしてキリスト教の旧約聖書にあたるものがユダヤ教の「聖書」です。

よく「旧訳」「新訳」と勘違いされますが、それは間違いです。この「約」とは「契約」のこと。つまり旧約は「旧《ふる》い契約」、新約は「新しい契約」を意味します。

もともとユダヤ教の神は、イスラエルの人々に掟（律法）を与え、それを守るように命じていました。そして、それを条件に、イスラエルの人々を守ると約束したのです。つまり、ユダヤ教では神と人間が「契約」によって結ばれている関係なのです。人間がきちんとその契約を守れば神は人間を守ってくれますが、契約違反をして律法を守らないと、神の怒りがふりかかっていろいろな不幸に見舞われます。わかりやすくはありますが、なかなかドライな関係だと言えるかもしれません。ちなみに、イエス自身はユダヤ教徒でした。

そして、その契約はイエス・キリストによって新しくされたのだ、と主張したのがキリスト教です。キリスト教では、イエスが人間の罪を背負って十字架につき復活したことで、人間の罪がすべて許されたと考えました。ですからもはや昔与えられた律法を守る必要はない、ただこのイエスを信じさえすれば、神によしとされ、救われる、と主張したのです。

というわけで、キリスト教はこのイエスによって与えられた契約を「新しい契約」と呼び、ユダヤ教の聖書を「旧い契約を記した聖書」すなわち「旧約聖書」と呼んで、両方あわせて「聖書」としました。

しかしイエスを救い主と認めないユダヤ教にとっては「旧約聖書」が「聖書」そのものであり、その契約は古くも何ともない、今も続く大切なものです。昨今ではそのユダヤ教の立場に配慮して、「旧約聖書」を「ヘブライ語聖書」、「新約聖書」を「ギリシア語聖書」とそれぞれが書かれた言語の名前で呼ぶこともあります。

動物を鞭でたたき出し、市場をめちゃくちゃにする

イエス様がエルサレムの都に来たときのことです。イエス様は弟子たちとともに都の中心にある、大きな神殿を訪れます。

神殿は、もうすぐ始まるお祭りのために国の内外から来た多くの巡礼者であふれ、活気に満ちていました。その一角には、牛や羊や鳩を売っている人たちや、両替をしている人たちがいます。

神殿に入ってそれを見たイエス様は、やおら、そこにあった縄で鞭を作り、羊や牛を打って境内から追い出し始めました。さらに両替人の金をまき散らし、その台を倒し、鳩を売っている人たちに向かって大声で言いました。

「このような物はここから運び出せ！」（ヨハネによる福音書2章13－16節）

短気なイエス、怒れるイエス

これはまた意外な情景ではないでしょうか。聖書には、乱暴を働くイエスの姿までもが描かれているのです。人々を説得する間もなく、いきなり最初から「体でわからせて

やる！」という態度。お手製の鞭まで振り回して、なんとも激しい暴れっぷりです。

一般にイエスという人物には、けっして怒ったりなどせず、いつも静かな微笑みを浮かべた無抵抗な賢者、といったイメージがあるように思います。絵画などに描かれたイエスもそういった姿をしています。さらに、そのイエス像を反映してのことなのか、クリスチャンに対しても、そういったイメージを持たれることがしばしばあります。「クリスチャン」という言葉に、まるでセットのように「敬虔な」「温厚な」という形容詞がつくのもその一例です。また、たいていの日本のクリスチャンは「右の頬を殴られたら、左の頬を出すのか？」という興味本位の質問にあって、うんざりした経験を持っています。

つまりキリスト教は、「右の頬を……」の教えや、無抵抗に十字架についたイエスの姿から、徹底した無抵抗主義・平和主義者の宗教だと思われているのでしょう。かくいう私自身も実は、初めて教会の扉を叩いた時には、クリスチャンに対してそのようなイメージを持っていたのです。

だからこそ、ここに描かれているイエスの姿は多くの人を驚かせます。「愛を説いたイエスがこんな暴力をふるっていいのか？」と不可解にも思うでしょう。いや、温厚なイメージのイエスが、ということを抜きにしても、そもそも人として、暴力という手段に訴えるのは間違ったことではないかという指摘をされても仕方がありません。

正当な理由があった……からいいのか？

イエスが神殿から商人を追い出したというこのエピソードは、一般にクリスチャンの間では、本来は祈りの場所であった神殿をあるべき場所に戻そうとした行為だったのだ、と受け止められています。

神殿という場所は、むろんもともと神を礼拝する場所でしたが、その境内で物を売り買いしたり両替をすることは、実は社会的にも認められた公の営みでした。礼拝で捧げる献金は当時、市場では使われていなかった「シェケル銀貨」でなければならないと定められていたので、巡礼者はみなそこで両替をする必要がありましたし、礼拝する際にはいけにえとして動物を捧げる慣習があり、さらにいけにえ

にできる動物にはたいへん細かい規定があったため（旧約聖書には、その規定が長々と記されています）、その要件を満たした動物がそろっている神殿マーケットで動物を買うのが一番手っ取り早い方法だったのです。それらの需要から、神殿当局から認可された商人たちがそこで商売をしていたと考えられます。

しかし、イエスはそれに憤り、片っ端から人々や動物を追い出しました。それはおそらく、神殿を金もうけの場所にしていた商人たちだけでなく、献金やいけにえといった儀礼にこだわり、また商売を認可することで多大な利益も得ていた神殿当局

に対する批判でもあったのだろうと言われています。

イエス自身、ひと通り暴れたあとに、「わたしの父の家を商売の家としてはならない」と述べ、ここは「祈りの家と呼ばれるべき」ところなのに、「あなたたちはそれを強盗の巣にしてしまった」と憤っています。つまりイエスは「神殿をあるべき姿に戻せ」、「信仰の場を取り戻せ」と激しい抗議をしたのだ、ということです。

しかし私は、クリスチャンの多くがこの説明で納得しているように、イエスの行為を正当化するつもりはありません。いや、そうすることに興味がない、と言ってもいいでしょう。なぜなら、私の持っているイエス像と、この「怒れるイエス」の姿はまったく矛盾しないからです。

イエスがすっくと立ち、「神殿をあるべき信仰の場に戻しましょう」と穏やかに商人たちに語りかけたのであれば、思慮深い愛の人という一般のイメージに近く、読む人は納得したでしょう。また、そうしたほうが「イエスは立派な人だった」というイメージ作りには役立つのですから、聖書を書いた人にも都合がいいはずです。

しかし、聖書はそうではなく、イエスが鞭をふるって動物や人々を追い出した、とはっきり記します。ですからその行為自体に対して、いかなる正当化も理由づけもできないであろう、と私は思うのです。

それでも多くの人は「あの穏やかで優しいイエスがそんなことをするはずはない」との思いから、「そんなイエスでさえ、ここまで怒らなければならないほどの理由があったのだ」と正当な理由づけを求めます。その思いの根底には、自分の中に作り上げられたイエスのイメージがあります。そして、そのイメージのもととなる原因のひとつが、先ほども言及した「右の頬を打たれたら、左の頬を向けなさい」というイエスの言葉にあるのではないかと私はにらんでいます。そこで、まずはこの言葉について考えてみましょう。

イエスは無抵抗？

「あなたがたも聞いているとおり、『目には目を、歯には歯を』と命じられている。しかし、わたしは言っておく。悪人に手向かってはならない。だれかがあなたの右の頬を打つなら、左の頬をも向けなさい」（マタイ5章38―42節）

この有名なイエスの言葉によって多くの人は、キリスト教は無抵抗をモットーとしていると誤解しているようです。

ちなみに、私だったら、右の頬を殴られたら、左の頬を出すどころか即座に相手を殴り返してしまうかもしれません。しかしだからといって、イエスの教えを軽んじているのでも、殴り返していいと思っているのでもないのです。

殴られたら殴り返す、という行為は、相手との関わりの形を象徴的に表しています。向こうが殴ってきたのだから、これは正当な行為だと主張して殴り返す――しかし本当にそれでいいのか？　私はイエスの言葉が、そんな問いを投げかけているように思います。

相手が悪いことをしたときには、その人のためにあえて殴り返す。そんなシチュエーションもあるかもしれません。しかし、人間は自分自身の心ですら完全に把握しているわけではありません。相手のためだと言いながら自分でも気がつかないところで、憎しみや復讐心で手をあげている場合もある。そんな存在である人間に対して、あなたは本当に殴り返していいのか、あなたは相手にどう関わるつもりなのか、とイエスは問いかけているのです。

つまりイエスは「何があっても無抵抗であれ」と教えているのではなく、どんな状況であれ、対峙している相手にどう関わるかを常に考えなさい、自分を振り返りなさいと言っている、そう解釈できます。

右の頬を打たれたら左を、それを思い出すと、実際にそうはできなくても、自分にいったんブレーキをかけることになります。がつんと殴られた時にも一瞬立ち止まって考えることができる。もちろん、そんな自制は効かず、反射的に殴り返してしまうこともあるわけですが、それでも、あとから自分自身のありようを考えさせられる。そういった役目を、この言葉は果たしているのではないでしょうか。

イエスの言葉をそのようにとらえて聖書を読んでいくと、イエスがけっして無抵抗主義者ではないことがわかります。事実彼は、当時イエスに敵意を持っていた厳格なユダヤ教徒たちに、何度も厳しい口調で反論をしていますし、件の神殿マーケットなど、とうてい受け入れられないことに対して、行動でもはっきりと「ノー！」を表明しています。

ですから私は、神殿の境内で暴れて人々を追い出したという記述が示そうとしているイエスの熱心さを、そのまま率直に受け入れていますし、同時に、それは暴力ではないか、という指摘に対しては、その通りと認めます。ただ、イエスは非暴力をモットーとしたわけではないので、矛盾は感じません。理由の正当性を主張して、行為までを正当化する必要はないでしょう。

牛はひっぱったくらいでは動かないので尻をたたくほかないし、誰かがケガをしたわけでもない。暴力というほど、たいしたことではないじゃないかというのが素直な感想です。

イエスは非暴力？

さて、ここまで、イエスは無抵抗を教えているわけではないということをお話ししてきましたが、「ではイエスは暴力を否定しなかったのか？」という疑問が生まれてきますよね。

イエスは非暴力主義者ではなかったのか？　これに対する私の答えは、「何とも言えない」です。歯切れの悪い答えですが、これは、そもそも「暴力」をどう定義づけるのかが大きな問題になってくるからです。

あらゆる意味で、相手を傷つける行為は肯定することはできません。しかし、暴力という現象すべてを、イエスは否定したのかどうか。これには私は確信が持てません。といってもそれはけっして、暴力を肯定するということではありません。

実際に、自己本位と憎しみに裏打ちされた暴力によって、いまだに世界には紛争・戦争があふれ、多くの犠牲者を出しています。国家レベルのみならず、個人のレベルでも、肉体的な暴力・言葉での暴力などによって、私たちは絶えず加害者にも被害者にもなりうる状況なのです。国家間であろうと、個人間であろうと、暴力という手段はけっして肯定されてはならないでしょう。

しかし、たとえば親が泣きながら子どもを打つような場面を想定してみましょう。これは現象としては暴力です。しかし、その行為の根底には大きな愛があり、相手を傷つけようとしてふるう暴力とは性質がまったく異なります。

そして逆に、相手に手を挙げたりののしりの言葉を浴びせるといった、現象としての暴力に訴えなくとも、冷ややかな気持ちや侮蔑の思いを持って相手と対峙している場合、その関係性の中に愛がないことは明らかです。それでも、暴力はすべてダメ、逆に暴力でなければよい、と単純に言えるものでしょうか。

「右の頬を殴られたら、左の頬を出す」この言葉が念頭にあると、暴力的な行為があった時、常に自分の心と相手との関係性を再確認することになります。実際には、頬を差し出せる人はほとんどいないでしょう。それでもかまわないのです。この言葉の価値は、暴力というある種究極の場に直面した時に、人と人との関わりを考えさせるところにあるとも言えます。

つまりこの言葉は、現象としての「暴力」を絶対的・全面的に禁止しているというより、もっと根本的に、相手を本当の意味で大切にしているのか、まずその点を問うている言葉とも言えるでしょう。

これはいわば現象としての暴力よりも、さらに深いところを突かれているということです。

〈コラム〉キリスト教の十の戒め

『十戒』という映画を観たことがある人もいるかもしれません。映画では、山に登ったモーセの前で、空から炎が降ってきて石の板に文字が書きつけられるシーンがありますが、ここで石に書かれたのが「十戒」と呼ばれる十の戒めです。これはもともとユダヤ教の律法の中でもっとも大切な掟とされているものなのです。

1. あなたには、わたしをおいてほかに神があってはならない。
2. あなたはいかなる像も造ってはならない。
3. あなたの神、主の名をみだりに唱えてはならない。
4. 安息日を心に留め、これを聖別せよ。
5. あなたの父母《ちちはは》を敬え。
6. 殺してはならない。
7. 姦淫してはならない。
8. 盗んではならない。

9. 隣人に関して偽証してはならない。

10. 隣人のものを欲してはならない。

この十戒は、ユダヤ教ではもちろんのこと、キリスト教でも基本的な倫理規範として大切にされています。

日本語訳を見ると「○○してはならない」と、いろいろなことがきつく禁止されているように見えますが、原文の文法では、むしろ「○○しないはずだ」というニュアンスが強く出ていて、つまり神に本当に従う者は、これこれのことはしないはずである、という形で書かれた戒めなのです。

ちなみに、右に紹介したのはプロテスタントと正教会、聖公会の十戒の数え方で、カトリック教会とルーテル教会では右の1と2の戒めをひとつと数え、10の戒めを「隣人の妻を欲してはならない」「隣人のものを欲してはならない」と二つに分けて数えます。

「わたしは、平和ではなく剣をもたらすためにきた」

イエス様は大勢の弟子の中から特に十二人を選び出し、病気や患いを癒す力を授けられました。そしてこの十二人を派遣するにあたり、次のメッセージを贈りました。

「わたしが来たのは地上に平和をもたらすためだ、と思ってはならない。平和ではなく、剣《つるぎ》をもたらすために来たのだ。わたしは敵対させるために来たからである。

人をその父に、

娘を母に、

嫁をしゅうとめに。

こうして、自分の家族の者が敵となる」 （マタイによる福音書10章34―36節）

愛の人のはずが……

これはつまり、「自分の家族と敵対せよ」ということです。耳を疑うような言葉です。イエスはこの世に深い愛を説くためにやって来たのではなかったのでしょうか。イエスは「敵を愛し、自分を迫害する者のために祈りなさい」（マタイによる福音書5章44節）

と言った人ではなかったのでしょうか。彼は、もともとユダヤ教で「隣人を愛し、敵を憎め」と教えられていたことを否定して、「隣人のみならず、敵までも愛さなければならない」と説きました。その同じイエスが「わたしが来たのは地上に平和をもたらすためではなく、剣をもたらすためだ」というのです。

「剣」は争い・戦いの象徴です。さらには「敵対させるために来た」とはっきり言っているわけですから、そのまま受け取ればイエスが平和を否定し、戦争を勧めているとしか聞こえません。

しかもイエスがこれを語ったのは、多くの弟子の中から特に十二人を選び出し、彼らを世の中に送り出そうとする時でした。弟子たちに「病気や患いを癒す力を与えた」ということは、多くの人を救うためであろうかと思いきや、その弟子たちに向かって「わたしが来たのは剣をもたらすためだ」「敵対させるためだ」という言葉を言い聞かせるのです。これではいったい何のために病気を癒す力を与えたのかわかりません。

さらに後半の言葉で、イエスの言う「敵対させるため」が、特に家族内の関係を指していることが明らかになります。「人をその父に、娘を母に、嫁をしゅうとめに」敵対させ、「こうして、自分の家族の者が敵となる」というのです。

人間はたいてい、家族を一番大切にしているものです。また社会はそのように教えるものです。しかし、自分が来たのはその家族を敵対させるためだ、とイエスは堂々と言い放ちます。イエスは、みんなが自分の家族を敵に回し、家庭を分裂させればよいと思っているのでしょうか。

「互いに愛し合いなさい」「敵を愛しなさい」というイエスの有名な言葉のイメージもあり、キリスト教はよく「愛の宗教」であると言われます。この場合の「愛」とは、原語（ギリシア語）で「アガペー」と表現されるもので、人間に対する神の無償の愛を意味します。これは「エロース」と表現される、人間の自己中心的な愛や性愛とは対照的に用いられます。すべての人が、何の代償も払わずただ無条件に愛されている、そしてこの愛を完全な形で実践したのがイエスだ、とキリスト教は教えるわけです。

それを知っていると、なおさらこの言葉が衝撃的なものに聞こえてきます。無条件の愛を説いたイエスが「敵対させるために来た」「家族が敵となる」と恐ろしいことを言うのですから。

イエスは家族とぎくしゃくしていた？

ところでみなさんは、イエスが自分自身の家族とどんな関係にあったかご存じでしょうか。イエスのことですから、自分の両親をとても大切にした心優しい息子だったと思うかもしれません。

しかし、イエスはどうも自分の家族とあまりうまくいっていなかった、そのように読み取れる聖書の記述があります。その最初の出来事は、少年イエスが両親に連れられてエルサレム神殿に行った時に起こりました。そのお話をちょっと紹介しましょう。

イエス様が十二歳のときです。イエス様は、両親とともに、毎年恒例のお祭りへ行きました。お祭りの期間が終わって帰路についたとき、大勢の親戚と一緒だったこともあり、両親はイエス様がついてきているものと思い込んで丸一日歩いてしまい、それからようやくイエス様がいないことに気づきました。

びっくりした両親は、イエス様を捜しながら丸一日分の道のりを引き返したのでした。そして三日もたってから、ようやく神殿の境内で学者たちの真ん中にいるイエス様を見つけます。そこで母が、

「なぜこんなことをしてくれたのです。御覧なさい。お父さんもわたしも心配して捜していたのです」

と言うと、イエス様は、

「どうしてわたしを捜したのですか。わたしが自分の父の家にいるのは当たり前だ

ということを、知らなかったのですか」
と答えました。

（ルカによる福音書2章41―49節）

なんとも生意気な答えを返したものです。まさに親の心子知らず、といった状況です。この頃からすでに自分の両親に対する横柄な物言いが始まっているのですが、他にもいくつかそんな場面があります。成長したイエスが群衆に向かって話をしている時、イエスの母と兄弟たちが外に立って彼を待っていました。それに気づいた人がイエスに「母上と御兄弟が、お話があるそうで、外に立っておられますよ」と教えたのですが、イエスは「わたしの母とはだれか。わたしの兄弟とはだれか」と素っ気なく答えて外に行くこともしなかったといいます（マタイによる福音書12章46―50節）。もしかすると家族もイエスの言動を心配して、家に連れ戻そうとしたのかもしれません。

さらに、イエスが故郷の身内の前ではほとんど奇跡を起こすことができなかった、という記述もあるのです。故郷に帰って人々に教えを説いていると、みんなが「いつからこの人はこんなことができるようになったんだ。彼は大工で、マリアさんのところの息子なのに」と驚いて、すんなり受け入れてくれなかったので、その時はごくわずかの病人しか癒せなかったといいます。イエスは人々の不信仰に驚き、「預言者が敬われないのは、自分の故郷、親戚や家族の間だけである」と言っています（マルコによる福音書6章1―6節）。こういうエピソードを読むと、成長して立派になり、社会的な地位も名誉も得て人々から敬われているのに、久しぶりに故郷に帰ると「あら〜、私は昔あなたのオシメ替えてあげたのよ」などといつまでたっても子ども扱いされてバツの悪い思いをする、といった、私たちにもありがちな状況を想像して、つい笑ってしまいます。

そんなイエスと家族の関係を考えると、もしかしてイエスは自分が家族とうまくいっていなかったから、こんな物騒なことを言ったのだろうか、とさらに疑いが深まりますが、これはさすがに弟子たちを派遣する大切な場面での言葉です。いくらなんでも家族への恨みつらみをこんな場面で言うとは考えられません。

絶対平和主義ではないイエス

ここで前にお話しした、暴力についてのイエスの立場を思い出してみましょう。イエスは、現象としての暴力そのものの是非以前に、まずは自分がどういう思いを持って相手と対峙しているのか自分に問いかけなさいと教えているのではないか、と私は考えます。それと同じことが、いや、さらにそれを強めた内容がここで語られていると考えられないでしょうか。

「右の頬を打たれたら、左の頬を出しなさい」という言葉は、その言葉を思い出すことによってふと人を立ち止まらせる効果を持っており、また、実際にどういう行動に出るかよりも、自分が相手にどのような気持ちを持っているかが大切だということを言わんとする言葉でした。それと同じように、「平和ではなく、剣を」という言葉も、実際に剣を持ち出して争うようにと勧めているのではなく、まずは今の「平和」という状態の本質を見直しなさいと勧めているのではないか、と考えられるのです。

人間は、ついつい見せかけだけの平和や「とりあえず」の安寧を求めてしまうことがあります。特に日本人は「和」ということをとても大切にしますし、それはもちろん美徳でもあるのですが、ともすればそれが自分たちのためだけの平和になっていたり、表面だけの平和になりがちなのも否定できません。それは本質を忘れた考え方です。

「剣」に象徴される争いも、暴力と同じで現象としてはもちろん否定されるべきものですが、その本質に何があるかによって大きく意味が変わってきます。

たとえば、「競争」という争いがあります。無益な競争、人が蹴落とし合うネガティブな競争もありますが、それによってよりよいものが生み出されていく、意味ある競争もあります。また、ひと口に「争い」といっても、中には本当の意味での善や正義を求める争いもあるでしょう。もちろん、「正義」や「善」という大義名分のもとで起こってはならない戦争が起きている悲しい現実もありますから、その戦いが真に正しいものかどうかの判断は私たちにはたいへん難しく、絶えず自己吟味と自己批判の姿勢は忘れてはいけません。しかし現象としての「争い」がすべて一概に間違っているとは言い切れないのも確かです。

このように、平和も争いも、その本質によって大きく意味が変わってくるものであり、またその本質によって、どちらが肯定されるべきか判断が変わってくるものだと言えるのです。ですからイエスがここで、すっかりゆるみきった見せかけだけの平和に安住していないでその本質を問い直しなさい、善とは何か、悪とは何かを問い直し、明確な形で闘わせなさいと言っているのだとすれば、納得がいきます。実際にイエスという人は、いつも既成概念を覆しては人々に新しい視点を提供しようとした人でした。ですから、その革命児イエスがこういった過激な物言いで人々に現状否認と真の平和の構築を促したとしても、私は驚きません。むしろある意味で、イエスらしい言葉だとすら思います。

家族を敵とする

さて、イエスの言葉をそのように受け取ったとすると、それをまずは家族から始めろ、とはどういうことでしょうか。イエス自身の家族関係のぎこちなさが頭をよぎりますが、それとこの言葉とは、何か関係があるのでしょうか。

家族の深いつながりは、いわば自然に形成されていくものです。親は子を、子は親を、生まれた時から大切なものととらえているでしょうし、その関係のありようはさまざまであっても、たいていの場合、家族は自分にとってもっとも身近な、もっとも愛すべき存在でしょう。しかしまた、だからこそ、時に家族を自分とは別の一個人として尊重できなくなるということもあるのではないでしょうか。親子の例で言えば、親にはどうしても、子どもを自分の所有物であるかのように扱い、私物化してしまう傾向があるようです。もっとも身近な存在であるからこそ、その人を別の人格として尊重できなくなってしまうこともあるのです。

こういった人間の傾向を考えると、イエスが平和の本質を問い直せと勧める時に、その問い直しをもっとも身近な家族から始めなければならないというのも理解できるように思います。

キリスト教では、神はすべての命のつくり手であると考え、その意味で神を「創造主」と呼んだりします。私たちは生物学的には母親から生まれたけれども、命をつくったのは母親ではない。それは神だ、というふうに考えるわけです。

実際、私たちのうちで誰も、自分で選んで生まれてきた人間はいません。芥川龍之介の小説『河童』の中には、河童がお産をする時、父親河童が母親河童のお腹に向かって「お前はこの世界へ生まれてくるかどうか、よく考えた上で返事をしろ」と問いかけ、お腹の中の子どもが自らこの世へ生まれるか否かを決める、というたいへんおもしろい場面があります。しかし、私たち人間は、この河童のように自分で判断してこの世に生まれてくることはできません。それがなぜかはわからないけれども母親の中に命が生まれ、自分がこの世に誕生した。その生命の神秘を、キリスト教では「神がすべてをつくった」ととらえるのです。

その前提に立つと、自分の命は自分のものではなく、神のものということになります。そして同じように、たとえ家族であろうとも、その人の命はけっして自分のものではなく、またその人自身のものでもなく、神のものだということです。

その神の存在を忘れ、人間同士の横のつながりだけに目を向けていると、それぞれの命がすべて神から与えられた尊重すべき個だ、ということがわからなくなってしまう。それではいけない。いったんその関係を壊して、生命の根源・神のほうに目を向け、神と個人との縦の関係を意識しなさい、ということが、ここでイエスが言わんとしたことではないでしょうか。

そして、あるいはイエスは、その信念に基づいて家族と距離を置いていたのかもしれません。いや、実際には距離を置いているのではなく、家族だろうが他人だろうが分け隔てなく接していたというだけのことなのかもしれません。

前に紹介した、イエスが外に母と兄弟を待たせたまま放っておいたというエピソードでは、イエスは「わたしの母とはだれか。わたしの兄弟とはだれか」と言ったあとに弟子たちのほうを指さし、「ここにわたしの母、わたしの兄弟がいる。だれでも、わたしの天の父の御心を行う人が、わたしの兄弟、姉妹、また母である」と言っているのです。ここには、他者をすべて等しく尊いものと認識していたイエスの思想が表れているのではないでしょうか。

しかし、このように少し立ち止まって、また聖書全体を通してのイエスの言動と照らし合わせて考えれば、この言葉にようやく得心がいきますが、普通にこれだけを切り取って読めば、これが愛と平和のメッセージとはとても思えません。聖書はそういった過激な言葉が散見される、ある意味でとても危険な書物なのです。ここには、そのまま受け取るとつまずきの元となる言葉が各所にちりばめられています。

ですから私は、聖書をたんなる読み物としてならともかく、信仰の書として一人だけで読むのは危険だと思っています。

弟子に「おまえなんか生まれてこなければよかった」

イエス様が捕らえられる前の晩のことです。イエス様は十二人の弟子と一緒に食事の席に着いていました。

食事もすすんだころ、突然イエス様が「あなたがたのうちの一人がわたしを裏切ろうとしている」と言いました。それを聞いた弟子たちはとても心を痛め、みんな代わる代わる「まさかわたしのことでは」と言って心配しはじめました。

するとイエス様は「わたしと一緒に食事をした者が、わたしを裏切る。わたしを裏切るその者は不幸だ。生まれなかったほうが、その者のためによかった」と言いました。

イエス様を裏切ろうとしていたユダがあわてて「先生、まさかわたしのことでは」と言うと、イエス様は「それはあなたの言ったことだ」と答えました。

（マタイによる福音書26章21―25節）

かわいそうなユダ

キリスト教の詳しい知識を持ち合わせていない人でも、イスカリオテのユダと言えば、

キリストを裏切った弟子だということは知っているのではないかと思います。ユダの行為があまりに有名なため、いまや「ユダ」という言葉が直接「裏切り者」「不忠実な者」という意味で使われているくらいです。しかし、そのユダに対してイエスが「お前なんか生まれてこなければよかった」とひどい言葉をかけていることは、あまり知られていないのではないでしょうか。

　ユダという人物は、キリスト教の歴史を通じてもっとも人々から嫌われてきた人物だと言えるでしょう。金目当てに自分の師を裏切り、結局その罪ゆえに自殺した男——歴史上

最大の「悪役」です。しかし、実はキリスト教信仰が成立するためには、ユダの存在は不可欠なのです。

簡単に言えば、キリスト教徒は「実際には神であるイエスが人間としてこの世に来て、人間の罪を償うために十字架にかかって死に、三日目に復活した。このイエスの十字架と復活によって私たちはみな罪を許され、救われた」ということを信じています。ですから、もしイエスの十字架がなかったら人類の救いは成し遂げられないわけで、となると、ユダがイエスを裏切ってくれたからこそイエスは十字架にかかることができ、そのおかげで人類も救われた、ということになります。逆に言うと、ユダの存在がなければ人類は救われなかったということです。

ユダの裏切りも神が人間を救うための道程のひとつだとすると、ユダをまるで悪の化身のように嫌うのは、よく考えてみればおかしなことです。確かに裏切りはもっとも人を傷つける行為のうちのひとつではありますが、なにもここまで責められなくてもよいのではないでしょうか。

そして、さらに解せないのがイエスのユダに対する態度です。人々を救うためにイエスを十字架につけることが神の計画であったとするならば、それを成し遂げるためにいわば道具として使われたユダは、むしろイエスにねぎらわれてもよいと思うのですが、ところがどっこい、イエスはユダになんとも冷たい。大勢の弟子たちの前で「わたしを裏切る者は不幸だ。生まれてこなければよかった」とひどいことを言い、「まさかわたしのことでは」とすがるユダを「それはあなたが自分で言っていることだ」と突き放しているのです。

聖書には複数箇所イエスがユダの裏切りを予告する場面が出てきますが、ヨハネによる福音書ではイエスのユダに対する冷たさがいっそうエスカレートしています。イエスは大勢の弟子たちを前に「あなたがたのうちの一人がわたしを裏切ろうとしている」と告げ、弟子たちが動揺すると「わたしがパン切れを与えるのがその人だ」と言ってわざわざパンをとり、それをユダに与えたというのです（ヨハネによる福音書13章26節）。

ユダの裏切りを題材とした太宰治の小説『駈込み訴え』では、本当は裏切りを思いとどまろうとしていたユダが、このようにみんなの前で辱められたために、カッとなって再び裏切りを決意したという設定になっています。この小説ではユダがイエスに対して情熱的な恋慕とそれゆえの憎悪を持った人物として描かれ、「他人の手で殺させたくない、私の手で殺してあげる」といった動機からイエスを裏切ったことになっており、愛憎入り乱れる人間の心理を描いた、文学作品としてはたいへんおもしろい内容になっています。

実際の聖書の記述からだけではユダがイエスを裏切った動機は推測の域を出ず、本当のところがどうだったのかはわかりませんが、しかしユダの思いがどうであれ、客観的に見てもやはりイエスのユダに対する言動はひどいものに思えます。

お腹がすいた腹いせにイチジクの木を枯らしたり、こんなことしちゃダメ！　と神殿で大暴れしたりするイエスは、まだどこかユーモラスで温かみもあるのですが、ユダに対するこの行為は、読みようによってはぞっとするほど冷たいものを感じさせ、またそれゆえに読者に強烈なインパクトを与えています。

イエスが憎んだ罪

しかし、その冷たさゆえに、私はここでイエスが言葉を向けた相手が本当にユダ個人だったのだろうか、と疑問に思わざるを得ません。そしてさらに想像力を働かせるならば、イエスはユダを冷酷に突き放したのではなく、むしろ実に悲しい目をしてこの言葉を発したのではないか、とも思うのです。イエスがどんな表情をしていたのかまでは、想像するしかありませんが。

では、これがユダ個人に言ったのでないとすれば、そして怒りではなく悲しみの目で言ったのだとすれば、いったい誰に向けられた言葉だったのでしょうか。もしその先がユダ個人でなく、ユダという存在が象徴している何かだとすれば、それは、人間の「罪」というもの以外にないであろうと私は思います。

キリスト教の教えでは人間の「罪」を強調し、人間を「原罪」を持った存在、生まれながらの「罪人」だと位置づけます。これは、「罪」という語の使われ方を知らなければ理解しにくい考え方でしょう。人を「罪人、罪人」とまるで犯罪でも犯したかのように扱うからキリスト教は好かん、と思っている人もいるかもしれません。

しかし、キリスト教で言う「罪」とは、犯罪を犯すことではありません。ここで言う「罪」とは、神のほうを向いていないこと、神に背を向けることを意味するのです。日本語の聖書で「罪」と訳されている言葉は、実は原語では二十以上の種類がありますが、その中で一番重要なものはヘブライ語（旧約聖書の原語）で「ハッタース」、ギリシア語

（新約聖書の原語）では「ハマルティア」と表現される「罪」です。これらの語には「的はずれ」という意味があり、つまり「罪」とは私たちが的はずれな方向を向いていることである、と定義づけられているわけです。

「神に背を向ける」行為、それが聖書の中でもっともわかりやすい形で表れているのが、ユダという人物においてであろうと思います。そしてイエスはユダを通して、人間が犯す罪、つまり神に背を向けて生きていることを嘆いているのではないか。私にはそんな風に思えてなりません。

このように考える根拠はもうひとつあります。それは、「生まれてこなければよかった」という言葉のまえに「わたしを裏切るその者は不幸だ」とイエスが言っていることです。この言葉には、ユダその人が断罪されているのではなく、むしろ罪にとらわれたユダを哀れんでいるというニュアンスが強く表れています。裏切り者は悪だから、そんな存在はこの世に誕生しなければよかったのだ、とユダの存在を否定しているのではなく、こんな罪を犯してしまうその者は不幸だ、あまりにも不幸だから、生まれてこないほうがその人にとっては幸せだった、と言っているのです。このひと言があるのとないのとでは「生まれてこなければよかった」の意味ががらりと変わります。

そもそも、すべての命は神がつくったものだとすれば、生まれてこなければよかった命などひとつもないはずです。もしユダが神の失敗作ならば、それは神の責任なのですから、「こんな人間をつくらなければよかった」と言うほうが理にかなっているでしょう。しかし、そういう言い方ではなく、「生まれてこなければよかった」と表現されている。それはおそらくこの言葉がユダの命そのものではなく、そこに付随している罪というものに対して向けられたものであったからだろうと思うのです。

そして、そうであるならば、このイエスの言葉とまなざしは、ユダという個人ではなく、罪を背負ったすべての人間に向けられたものであると解釈することができます。

さらに不幸な「ユダ物語」の行く末

しかし、聖書に記されたユダの姿とそれに対するイエスの行為だけを読めば、これが自分にも向けられた言葉なのだ、などというふうには結びつきにくいでしょう。聖書の記述をそのまま受け取れば、ユダはやはり憎むべきイエスの敵であり、多くのクリスチャンにとって憎悪の対象となってしまうのです。

実際に、その「裏切り者」ユダへの憎悪が「あいつらがイエスを裏切って十字架につけたのだ」という形でユダヤ教徒に対する憎悪へと結びつき、差別意識が育まれ、歴史の中でさらにさまざまな要因が結びついて、ついには第二次世界大戦時のあの大虐殺にまで至ってしまったという恐ろしい歴史があります。これは、本当に悲しい誤解です。

イエスがこの言葉を向けた先が人間全体の罪であるというメッセージを読み取れば、だれもユダ個人や、あろうことかユダヤ人に憎しみを向けたりすることはできなかったはずです。

受け取る人間がそのメッセージを誤解したとき、ここまで恐ろしい結果が生まれてしまうのが、この聖書という書物なのです。先にも「聖書は危険な書物だ」と述べましたが、本当に、よくよく注意しなければいけません。

〈コラム〉「預言者」って何？

まずはよく勘違いされる「予言」と「預言」の違いについて説明しましょう。「予言」とは未来に起こる物事を予測して言うことですが、「預言」とは神から預かった言葉を人々に伝えることです。つまり、「預言者」とは、未来に起こることを予告する人のことではなく、神から託された言葉を人々に伝える人のことを指すのです。この預言者はもともとユダヤ教で、神と人間とをつなぐ役割を果たすため登場してきた人たちです。

旧約聖書（ヘブライ語聖書）には多くの預言者の言葉が記されています。たいていの場合、神に背いてばかりいるイスラエルの人々に「神さまはこんなふうに怒っているぞ」「ちゃんと掟を守りなさい」と諭すのが役目でした。どの預言者も、イスラエルの民が困難に直面した時に登場し、今自分たちが直面している危機は、民の不信仰のためだと告げました。そして、その危機を乗り越えるため、悔い改めて神に従うよう人々に言い聞かせるのですが、たいていの預言者は受け入れられず、バカにされ、あるいは迫害されて、神とイスラエルの民の間で板挟みになるという悲しい状況に陥っています。

その預言の中に、いつかイスラエルの民を救う「救い主（メシア）」が現れる、という「予言」めいたものがありました。そしてこのメシア預言が、イエスのことを指していたと主張したのがキリスト教でした。しかもイエスは、イスラエルの民だけでなく、人類すべてを救うメシアである、というのがキリスト教の考え方です。

新約聖書では、「このすべてのことが起こったのは、主が預言者を通して言われていたことが実現するためであった」というように、たびたび預言者の言葉が引用され、それがイエスによって実現したことが強調されています。

さらにキリスト教では、イエスが最終的な救い主として人間と神をつないでくれたと信じますから、それ以上の仲介者は必要がなくなったわけで、イエスが登場したことでもはや預言者は必要がないとされました。

しかしユダヤ教からみると、イエスはメシアでもなんでもなく、せいぜい神の言葉を取り次いだ預言者という程度に認識されています。

理不尽なイエス像がもたらすもの

イメージとかけ離れたイエスの姿

聖書に描かれる「意外」なイエスの姿は、おもわず笑ってしまったり、不可解に思ったり、恐ろしくなったり……といったさまざまな反応を読者に引き起こします。中には本当に理解に苦しむ言動もあったりして、特にそこからメッセージを読み取ろうとするクリスチャンにとってはなかなかやっかいなものなのですが、しかし「意外だ」と思うことで、よかれあしかれそこで立ち止まってさまざまなことを考えるきっかけにはなります。とすると、そのようなエピソードがちりばめられている聖書というものは、実は計算し尽くされたものなのかもしれません。

実際に聖書を読んでみると、イエスの姿の多様さに驚かされます。これまでいくつか「なんと理不尽な」と思われるエピソードを紹介してきましたが、実は他にもまだまだ、えっ、イエスってこんな人だったの？　と思うような姿が描かれています。

たとえば、イエスは実は大酒飲みで、大食漢だった、という一面はいかがでしょうか。イエスといえばなんとなくひげを生やしたひ弱そうな男性、というイメージがあるものですが、実際に聖書にはイエスが「大食漢で、大酒飲みだ」と人から悪口を言われたと書いてあります。人からそう言われるくらいですから、きっと本当にお酒が好きで、食いしん坊だったのではないでしょうか。

また、意外なところでは、聖書にはイエスが笑っている場面が一箇所もないということが挙げられます。そう言われてみると、絵画などでも笑っているイエスの顔を見たことがない、と思いあたる人もいるかもしれません。映画にもなったウンベルト・エーコの『薔薇の名前』という小説に描かれる修道院では、修道士が笑うことは禁止されており、それは「イエスが笑わなかったから」という理由からでした。

このように、聖書に描かれているイエスの姿だけを挙げてみても、本当に一人の人物だろうかと思うほど多様な顔があって、それがまた人々を惹きつけてやまない魅力の源ともなっています。

イエスは過激派

これまで本書で紹介してきたイエスの姿は、総括すると行動も言葉もわりと過激な人物という印象を受けます。事実、生前のイエスはいろいろな意味で過激な人物だったようです。イエス自身ユダヤ教徒であったにもかかわらず、彼の言動が従来のユダヤ教の教えから大きく外れるような内容を含んでいたことからも、それがわかります。

たとえば、ユダヤ教の律法で厳格に定められている「安息日の掟」というものがあります。これは、神が天地創造の業を終えて七日目に休んだことを記念して定められたもので、安息日（金曜日の日没から土曜日の日没までをさす）には、いかなる労働も食事の準備も、火をたくこともしてはならないと定められていたのです。

しかしイエスとその弟子一行は、この安息日に堂々と畑で麦を摘んで食べていました（正確には、摘んでいたのはイエスではなく弟子たちですが）。ユダヤ教徒の中でも特に律法を守ることに厳格だった人々にそれを注意されると、「あなたたちが尊敬しているダビデだって昔、律法で食べてはならないとされているパンを食べたじゃないか」と言い返したうえで、「安息日は、人のために定められた。人が安息日のためにあるのではない」ときっぱり言ってのけます（マタイによる福音書12章1―8節）。

そして、同じく安息日に手の不自由な人を癒した時にも「安息日にそんな仕事をしていいのか」ととがめられて、イエスは「安息日に善いことをするのは許されている」となんの躊躇もなく答えました（マルコによる福音書2章23―28節）。

つまりイエスは、律法の表面的な掟を守ることに異を唱え、もっと大切なことがあるのではないか、そもそも人間を大切にしなくてどうする、と律法の捉え方を変えようとした人だったのです。そしてその信念に基づいて、形骸化した律法主義を厳しく批判し、律法に従ってさえいればよいというのではなく、人間が神との直接的な関わりを築く必要があるのだと説きました。これは当時、とても画期的なことだったはずです。とくにユダヤ教は民族全体の宗教、家の宗教であり、日常生活から社会倫理に至るまですべての事柄の根源となっていたものですから、それを「親の宗教」「民族の宗教」としてではなく、個人と神の関係でとらえ直せと説いたイエスの姿は、当時の人々の目には、とんでもない無法者と映ったことでしょう。

「わたしは律法を廃止するためではなく、完成させるために来た」（マタイによる福音書５章17節）というイエスの言葉がありますが、「完成させる」とはまさに「律法を本来あるべきやり方でとらえ直す」ということです。

ラディカルなイエス

その意味で、私はイエスをとてもラディカルな人物だったと考えています。

「ラディカル（radical）」という言葉は、今日では「過激な、急進的な」という意味で用いられることが多くなっていますが、もともとは「根（root）」の語源となっているラテン語「radix」から来た語で、「根源的な、根本的な」という意味の言葉です。私がイエスはラディカルだったという場合、この後者の意味です。

つまり、イエスは根源的・根本的に神と人との関係を問い直した人物だったということです。律法や掟にとらわれず、既成概念にとらわれず、いつも一番深いところまで、根っこまで掘り下げて神と人との関係を問い直した。それは従来の考えを根っこからひっくり返すことであり、だからこそ人々の目には過激な人物と映ったのだと思います。

私たちがわがままなイエスに出会ってびっくりするのも、そんなイエスのラディカルな側面を目の当たりにしているからなのかもしれません。時代が移りゆこうとも、相変わらず人々をびっくりさせているイエス。特に、イエスに対して固定されたイメージを持っている人は、聖書のさまざまな場面で驚き、つまずくでしょう。「イエスはわがまだ、おかしい」と感じるとき、それは読む人が先入観を持ち表面的にイエスを見ていたということの現れでもあります。「おかしい」「どうして?」と根源的に考えさせる。そういった役割を持った聖書そのものもまた、ラディカルな書物と言えるでしょう。

そして聖書を通してイエスの姿を学ぶクリスチャンも、おのずと「ラディカル」な生き方を迫られます。「神を信じ、その言葉に忠実に生きていればいいのだろう」と、ラディカルとは対極にあると思われがちなクリスチャンですが、その神の言葉の真意は人間には計りしれません。信じているからこそ、わからない真意が知りたくなり、わからないゆえに煩悶します。

つまり信仰者となるということは、いつも自分が神とどのように向き合っているのか、まわりの人々とどのように向き合っているのかを問われ、根本的な変革を迫られるということなのです。

第2章　言葉が招く、聖書への大いなる誤解

キリスト教に対する誤解の元は？

日本では、なかなかキリスト教が広まらないとよく言われます。実際にクリスチャンの数は人口の一パーセントにも満たない少数派で、しかもその数は年々減少していますから、キリスト教には、何かしら日本で広まりにくい要素があるのかもしれません。しかし、では日本人にとってキリスト教が身近でないかというと、そうとも言えません。

日本でもクリスマスには街中が美しく飾られ、あちこちでパーティーが開かれ、クリスマスが祝われます。また、結婚式は相変わらずキリスト教式がダントツの人気を誇り、多くのカップルが神の前で愛を誓い合っています。

こうした現象を商業的なもの、外見的な魅力によるものと切り捨ててしまうのは簡単ですが、これはこれで、日本でキリスト教が受け入れられているひとつの形と言えます。また、実は現在の日本人の倫理観も、キリスト教的な考え方に大いに左右されています。「愛」というものの重要性がここまで意識されるようになったのは確実にキリスト教の影響でしょうし、自殺を否定的にとらえられるようになったのも、命を神からの贈り物とするキリスト教的な考え方に感化されたためだと思われます。

しかし、ある程度のキリスト教のイメージがあるからこそ、かえってキリスト教について、誤解することも多くなるのだと思います。なぜ、怒ったり暴れたり過激なことを言うイエスの姿に驚くのかを考えてみると、それは「イエスはきっとこういう人だ」「キリスト教はこういうことを教えている宗教だ」というイメージがすでに私たちにあって、そのイメージとのギャップが激しいからでしょう。

そしてまた、キリスト教に対する誤解は、実は言葉の意味の違いからきていることも多いのです。ごく基本的な言葉が聖書のキーワードになっているにもかかわらず、そういった言葉が実は、世間で認識されている意味と本質的に異なっている場合があるということをご存じでしょうか。

言葉の意味を誤解しているがために、聖書の真意やクリスチャンの考え方が、まったく理解できなくなっている人が多いのではないかと私は思っています。

そもそも聖書は、はるか昔に日本とはまったく文化の異なる地域でつくられた書物です。もとの言葉と正確に同じニュアンスの語彙が日本語にないという事情もあるでしょう。異文化に慣れていない、ましてやクリスチャンでもない人が、日本語の訳語から本来の概念を正確に受け取れない場合があるのは無理からぬことです。ごく普通の用語が、キリスト教の文脈で独特な意味を帯びて使われていることもあります。そういった言葉の意味の取り違いが聖書の意味をますますわからなくさせ、時にはキリスト教の考え方に反発を覚えるような気持ちにさせることもあります。

あるいは、それらの用語のキリスト教的な意味を知れば、キリスト教に対するイメージもガラッと変わるのかもしれません。そこでこの章では、誰もが知っている言葉ながら、キリスト教の文脈での使われ方があまり知られていない言葉について解説を試みたいと思います。

罪は悪ではない

生まれながらに罪人？

キリスト教では「愛」と並んで「罪」という言葉をよく使います。しかも「原罪」ということを強調して、人間は生まれながらに全員罪人だ！　と言い切るために、しばしば「何もそこまで言わなくても……」と敬遠されることになります。確かに、自分をよく知りもしない人に「あんたは罪人だ」などと言われる筋合いはないし、生まれたての無垢な赤ちゃんを目の当たりにすると、とてもその子が罪を背負っているとは思えませんから、「原罪」という考え方に納得しかねるのは当然のことだと思います。

「原罪」とはそもそも、有名なアダムとエバの物語に描かれた、人間が最初に犯した罪のことです。アダムとエバは蛇の誘惑に負けて、神に食べてはいけないと言われていた禁断の果実を食べてしまい、その結果楽園を追われました。ここに初めて「罪」が生まれたとされます。そして人間は皆、このアダムとエバの子孫として、生まれつき彼らと同じ「原罪」を背負っている、というわけです。

しかし、これはかなり突拍子もない話に聞こえます。そんな神話を根拠に、だからあなたも罪人なのだと言われても、まったくピンときません。実際に自分が木の実を食べてしまったのならまだしも、まったく自分のあずかり知らぬところで起こった罪をあなたの罪だと言われても、何を言っているのだと不愉快な気持ちになるばかりです。しかし、「罪」という言葉の本来の意味を知ると、少し見えてくるものがあります。

第１章でも触れましたが、キリスト教で言う「罪」とは、犯罪を犯すことでも、悪行を重ねることでもありません。罪とは「的はずれ」な状態、つまり本来は向いているべき神のほうを向いていないこと、神に背を向けている状態を示す言葉なのです。ここでは、「罪」と「悪」とがはっきり区別されています。ですから「原罪」も、人間を「生まれながらに悪だ」と位置づけている言葉ではなく、「人間は生まれながらに神に背を向けてしまう存在だ」「神のほうを向いていない存在だ」と位置づけている言葉なのです。

このように罪と悪がきちんと区別されていることがわかれば、キリスト教で言う「罪」に対するネガティブな印象が少しは拭えるかもしれません。

罪とはあとからわかること

では、「神に背を向けている状態」を罪と位置づけるならば、どういった状態が罪で、どういった状態が罪でない「神のほうを向いている状態」なのでしょうか。

「キリスト教においては、人間はすべて罪人なのだから、悔い改めなければ救われない」などと言って、まずは罪を認識し、悔い改めることが最初の一歩だという言い方がされる場合もあります。しかし私は、それは本来順序が逆であろうと思うのです。罪とは「神のほうを向いていないこと」を指すのですから、それを認識するためには、まず神という存在を認識しなければいけません。

人と人との出会いで考えてみればわかりますが、出会ったこともない相手がどちらにいるのかはわかりません。実際に相手の存在を知って初めて、そちらを向くことができるのです。同じように、人は神という存在を認識していなければ、自分がそちらを向いていないこともわかりません（知らなかったけど神のほうを向いていた！　ということは、なかなかないでしょう）。そしてキリスト教では、イエスを通してのみ人は神を知ることができると信じていますから、まずはイエスと出会うことで神を知ることができ、その結果ようやく罪の状態がわかる、ということになります。

つまり本来は、①イエス・キリストという存在に出会う。②イエスを通して神を知り、自分が生かされ、愛されている存在だということを知る。そして初めて、③これまでの自分がこの神のほうを向いていなかった、すなわち罪の状態であったことを知る……という順序でようやく罪を理解できるのではないでしょうか。

ですから、そもそもイエスという存在を知らない人に対して「あなたは罪人だ」「その罪を悔い改めなさい」などと言うことはまったく意味のないことだと思います。罪は神と自分との関係性において生じるもの。二人称で使われる言葉であり、第三者が指摘するような性質のものではありません。

また、神のほうを向くための方法として、まずイエスを通して神に出会うというのも、あくまでクリスチャンが信じている方法であって、これが本当に正しい方法なのだと言い切ることはできません。そもそも人間はけっして神という存在を完全に認識することはできません。ですから、私たちがどれだけ知恵を絞ろうとも、それが本当に神のほうを向くことになっているのかは最後までわからないのです。ただクリスチャンはイエス・キリストを神と信じているから、そこに示されている神を知ろうとし、神の意志を探ろうと努力をし続けていく、というだけなのです。

ですから、自分たちが信じている道を絶対として、その道をたどっていない人たちは神のほうを向けていない、罪人だ、というふうに裁くのは間違いですし、それはとんでもない思い上がりだと思います。

神が人間を超越した存在である以上、神の意志に沿っているかどうかは神だけが判断できることです。少なくとも自分たちはこう信じて、この道をたどっている、ということは言えますが、それが百パーセント正しいなどとは言い切れないのです。

善と悪

人間には神の意志を知ることはできず、ただ神の意志を推測するしかない。この、神と人との徹底した断絶は、実は前述したアダムとエバの物語にもしっかりと表現されています。

アダムとエバが神から食べてはならないと禁じられていた果実は、聖書によれば「善悪の知識の木」と呼ばれる木の果実でした。そして神はそれをエデンの園の中央に配置したうえで、「けっして食べてはならない。食べると必ず死んでしまう」と言っていたのです。そこに登場するのが蛇です。蛇は、あれを食べると死ぬらしいと言うエバに向かって、「けっして死ぬことはない。それを食べると、目が開け、神のように善悪を知る者となることを神はご存じなのだ」と誘惑します。そして結果的に、アダムとエバはその果実を食べ、「善悪を知る」者となり、楽園から追われてしまったわけです。

ここには、「善悪を知る木の実」を食べた瞬間に、自ら善悪を判断しなければならなくなった人間の姿が描かれています。それ以前には善悪を判断する必要がなかったというのならば、善も悪もなかったとも言えます。またそれは、あるがままの状態で問題はなかった、神の意志に沿っていたということです。善悪を判断しなければならないというのは、つまり神の意志が見えなくなったからでしょう。

そして「原罪」とはまさにそういう事柄なのではないかと思います。本来は、人間は神の意志に沿える存在であったのに、禁断の果実を食べたことで「神に背を向ける存在」となり、善悪を判断しなければならなくなった。おそらく失楽園の物語は、そこまで表現した物語だったのでしょう。

私たちは、何が善で何が悪かを自分たちの頭で考えて定義づけようとします。そしてキリスト教に限らず宗教においては、善行をなすことで神によしとされ、天国に行ける、などという言い方をしたりします。しかし当然のことながら、何が神の意志に沿う行いかということは、人間にはわからないことです。また、善悪は人間が使う判断基準であり、神には善も悪もありません。神には意志があるだけです。前に「キリスト教は道徳ではない」と述べましたが、それはこうしたことを意味しているのです。

道徳はあくまで人間の基準で作り出された善悪ですから、それに沿っていれば神の意志を実行していることになる、というものではありません。しかもその論理だと、自分にとっての善悪が神の意志とイコールだということになってしまい、これはたいへん危険な考え方です。原理主義者と言われる人たちは、この論理で自分たちの考えを正しいと誤解してしまっているのではないでしょうか。

自分は神の意志を実行しているという誤った信仰心が、結果的に自分たちの考えを絶対に正しいものとして他人を裁くことにつながり、そこから争いが生まれ、平和からほど遠くなってしまっているように思われてなりません。

人間にはけっして神の意志がわからない、だからこそ、人間はただ何が神の意志なのか、何が神に喜ばれることなのかということを探りつつ、半信半疑ながらもある道を「信じて」進んでいくしかないのです。

教会は建物でも組織でもない

教会と言われて浮かぶイメージは

キリスト教と言って、最初に浮かぶイメージは、十字架のついた建物ではないでしょうか。特にキリスト教式の結婚式が人気の日本では、ステンドグラスなどのあしらわれた美しいチャペルがぱっと思い浮かびますし、欧米などに観光に行くと、立派な大聖堂が街一番の見所となっていたりします。そんなところから、「教会」といえば建物（教会堂）のこと、あるいは、クリスチャンたちが集まって礼拝をする場所のことだという認識ができあがっているのでしょう。

が、実はこの「教会」という簡単な単語すら、キリスト教の文脈ではまったく違った意味で使われているのをご存じでしょうか。「教会」とは本来、会堂や場所を指している言葉ではありません。

見える教会、見えない教会

聖書で「教会」と訳されているギリシア語の「エクレーシア」とは、もともと「呼び出された者たちの集合」を意味する言葉です。「呼び出された者」とは、神に呼び出された人々、すなわちクリスチャンのことですから、この意味からすると教会とはクリスチャンすべてをひっくるめて指す言葉であることがわかります。

また、聖書には「教会はキリストの体」であり、「キリストをすべてのものの上にある頭《かしら》とした」（エフェソの信徒への手紙1章22―23節）という記述があります。つまり教会とは、イエス・キリストという頭につながっている体である。すなわちイエスを信じる人すべては、同じ頭からつながっているひとつの体である、と考えるのです。しかもそのクリスチャンのつながりは、空間も時代も超越したものです。これが、「教会」の元来の意味です。この大きな概念でとらえる「教会」は空間も時代も超越した集合であるため、目に見える形では存在していません。そこで、このような本来の用い方をする場合には、よく「見えない教会」と言います。

それに対して、「見える教会」と言われるのが、実際にクリスチャンたちが集まって礼拝をしたり集会をしている各教会のことです。こちらは、一般的なイメージの教会に近いでしょう。が、それが指しているのはあくまでもクリスチャンたちが集まっている教会堂や場所のことではなく、クリスチャンの共同体そのものです。ですからたとえばすべて教会堂がないところであろうとも、クリスチャンが何人か集まっているところはすべて教会ということになります。イエスが「二人または三人がわたしの名によって集まるところには、わたしもその中にいるのである」（マタイによる福音書18章20節）と言っていますが、これはどんなに少人数であっても、組織が整っていなくても、同じ信仰を持った人々が集まるところはやはり教会だということです。

普遍的な教会

この「見えない教会」と「見える教会」は、どちらも大切なものとされます。本来の意味での「教会」（見えない教会）に属するための には、具体的な形のある「見える教会」に属するのが現実的な方法です。それは、「見える教会」を通して、初めてキリスト教信仰がどのようなものであるかを知ることができ、本来の教会、すなわちイエスを信じる人々全体の信仰を知り、そこに自分も連なっているという実感を得ることができるからです。そして同時に、「見える教会」だけを教会だと思わず、「見えない教会」の存在を常に意識していることも大切です。なぜなら、「見える教会」だけが教会だと思っていると、その共同体が解散した時に、教会そのものがなくなってしまうことになるからです。

私はプロテスタントの教会に属していますが、よく誤解されているなと感じるのは、プロテスタントの教会は宗教改革から始まっていると認識されていることです。確かに宗教改革によって「見える教会」という点では、新しい形のものが生まれました。しかしこれは同じ神を信じている中で起こった改革であって、そういう意味ではカトリック・プロテスタントの別がなかった中世の時代から、いや、もっとさかのぼれば初代教会の時代から、ずっと同じひとつの教会につながっているということに変わりはありません。教会とは普遍的なものだと言われることがあります。それはこのような意味なのです。

カトリック教会の「カトリック」とはまさに「普遍的な」という意味です。今はプロテスタント教会との区別のための言葉になってしまっていますが、本来は、プロテスタント教会も同じ「普遍的な教会」だと言えるのです。

教会と聖書

キリスト教の始まりから現在までの長い歴史を通して、時間的にも空間的にも壮大な広がりを持っているこの「教会」を無視しては、キリスト教信仰は成り立ちません。

私は前に、聖書は真実のメッセージを伝えるための「信仰の証言集」だと述べましたが、それは教会が作り上げてきたものでもあります。何世紀もかけて多くの著者が書いた文書の中から教会によって厳選されたものが一冊におさめられました。その歴史の中で、聖書から外された文書もたくさんありますし、逆に、私たちの目から見ればどうしてこれが信仰の証言になるのだろうと不思議に思う文書が残されていたりするのですが、そのひとつひとつが、教会という信仰者の総体が選びとってきたものですから、やはりそこに意味があるのだろうと思うわけです。

しかも、聖書が成立した過程をよく考えてみると、まず聖書があってそこから教会が生まれたのではなく、イエスを信じる人たちの群れ、すなわち教会が最初に生まれ、そこから聖書が紡ぎ出されていったわけです。はじめは口伝えで受け継がれていたキリスト教信仰が、長い時間をかけて文書化され、今の聖書の原型となりました。しかしまた、それらの文書を通してさらに多くのクリスチャンが生み出され、壮大な広がりを持った教会が形成されてきたことも考えると、これは鶏と卵のようなもので、どちらがどちらに先んじるというわけでも、従属するというわけでもなく、いわば聖書と教会はセットで考えられるべきものなのです。

〈コラム〉カトリックとプロテスタント

キリスト教には、カトリックとプロテスタント、二つの大きな教派がありま す。両者をざっくりとしたイメージだけで言えば、カトリックは壮麗な教会堂があって、信徒が体の前で十字を切る、マリア様や聖人を大事にする。プロテスタントは質素な教会堂で、信徒は聖書を読むことに熱心、禁酒禁煙を勧めるなど生まじめな感じ……といったところでしょうか。詳しくは左の表をご覧ください。

この二つが分かれたのはルターが宗教改革を始めた十六世紀です。既存のカトリックの在り方に異を唱えた人々が分かれ出て、プロテスタントとなりました。日本ではカトリックを旧教、プロテスタントを新教と呼ぶ場合がありますが、これはカトリックの人たちにはあまり好まれません。

カトリックはローマ教皇（法王）を頂点としてしっかりまとめられているので、世界中どこに行っても同じ内容のミサをしていますが、プロテスタントはその中でたくさんの教派ができていて、もはや一概には把握できないほど多種多様です。

	カトリック	プロテスタント
信徒数	10億人以上	3.6億人以上
名称の由来	普遍の、公同のを意味するギリシア語「katholikos」から。その中心をローマ教皇に置くことから、「ローマ・カトリック」とも言われる。	宗教改革でローマ・カトリックにプロテスト（抗議）して離れた人々、という意味から。
内部の教派	なし。教皇を中心としたひとつの組織。	多数あり。意見が分かれるとすぐに新しい教派が生まれる。
聖職者の呼び名	司祭（敬称：神父様）	牧師（敬称：先生）
聖職者の結婚	原則として認めない。	認める。
聖職者の階級	あり	なし（聖公会を除く）
聖人・マリア崇敬	あり	なし
洗礼名	あり	なし（聖公会、ルター派を除く）
信徒の離婚	原則として禁止	信徒の自由
有名な信者	フランシスコ・ザビエル、マザー・テレサ、遠藤周作など	J. S. バッハ、M. L. キング、三浦綾子など

祈りは願いではない

何も願わないのに祈る？

「祈り」という言葉には、神なり仏なり教祖なりに、自分の願いを聞いてもらえるように頼む、というイメージがあります。実際に広辞苑をひくと、「祈る」の意味として「神や仏の名を呼び、幸いを乞い願う」とあります。祈るということは、信仰する対象に自分の幸いを願うこと。これはもちろん間違ってはいません。特に日本では、合格や安産や、無病息災や、はたまた縁結び……というように具体的な願いを挙げて、それをぜひ叶えてくださいと祈ることが習慣となっているので、「祈り」と言えば「願い」のことだと思われがちです。

しかし、キリスト教で「祈る」という場合、それは何かを願うことだけを指しているのではありません。祈りの中には、まったく願いごとが含まれていないものすらあります。でも、何も願わないのなら、何のために祈るのでしょうか？　それはもっともな疑問です。クリスチャンはいったい何のために、何を祈っているのか？　実は願いごとを叶えてもらうためにではなく、他にある目的があって祈っているのです。

それを探るためにも、まずはさまざまな祈りの形をご紹介しましょう。

さまざまな種類の「祈り」

祈りをいくつかの種類に分類してみると、まずは、どう祈るかが文章として定められている「成文祈禱《せいぶんきとう》」と、それぞれが好きな言葉で祈る「自由祈禱」という区分けができます。

「成文祈禱」でもっとも有名なのは、イエス自身が「こう祈りなさい」と教えた「主の祈り」です。この祈りは教派を問わず、礼拝やミサの中で必ず一度は祈られるものなので、たいていのクリスチャンは暗記しています。教派によって少しずつ言葉が違いますが、一般的には「天にまします我らの父よ、ねがわくは御名をあがめさせたまえ」で始まるものがよく知られているのではないでしょうか。

この「主の祈り」はイエス自身が教えた祈りですから、キリスト教徒にとってまさに祈りの基本と言えます。その他の成文祈禱としては、特にカトリックなどで用いられる「祈禱書」や「式文」にまとめられている定型のものがあります。

それに対して自由祈禱では、信徒自身が自分の言葉で、好きな形で祈ります。プロテスタントの教会では比較的この自由祈禱が重視される傾向があります。しかし好きな形でと言っても、まずは「天にましします父なる神様」とか「すべての造り主なる神様」といった神への呼びかけで始まり、それに続いて自分自身の言葉による具体的な内容の祈りがあり、そして最後に「イエス・キリストのお名前によってこの祈りを捧げます、アーメン」と結ぶのがだいたいの決まった形です。キリスト教では、人はイエス・キリストを通してのみ神とつながることができると考えるので、この締めの言葉は非常に大切なものとなります。

また祈りの形としては、公的な祈りと私的な祈りという分類も可能でしょう。公的な祈りとは教会で他の人とともに声を出してする祈りのことです。礼拝や祈禱会（信徒が何人か集まってそれぞれが順番に声を出して祈る会）などでなされる祈りはこれに分類されます。成文祈禱の場合は自分で考える必要がないので祈るほうも気楽ですが、大勢の会衆の前で自由祈禱をする場合には、それが個人的な、自分勝手なものにならないよう注意しなければならず、慣れないと緊張してしまって大変です。

それに対して私的な祈りは、一人で神に向かってする祈りです。これは完全にプライベートなものなので、何をどう祈ってもよく、もっとも思いのままに自分の心を打ち明けることのできる祈りでしょう。声を出して祈る人もいれば、黙って祈る人もいます。

何のために祈るのか

さて、ではそもそもこういったさまざまな形で、クリスチャンはいったいどのようなことを祈っているのでしょうか。先ほど、キリスト教の「祈り」は「願い」とはイコールではない、と述べました。しかし正確に言えば、願いは祈りの一部、または祈りのひとつです。実際に、イエス自身が「求めなさい。そうすれば、与えられる」（マタイによる福音書7章7節）と言っています。神を信頼して何かを願うことも大切なこととされているのです。しかし、それだけが祈りなのではありません。

簡単に言えば、キリスト教で言う祈りとは、神と会話することを意味します。神と自分が何らかの形でコミュニケートしていること、関わっていることが祈りの基本であり、また定義でもあります。ですから、そこには願いのみならず、神に対する賛美や感謝や問いかけや訴え、そして時には「なぜですか⁉」という怒りまでも含まれているのです。

この定義からすると、祈りとは実に多様なものであると言えます。たとえばおいしいものを食べて幸せだなあと感謝する瞬間、つらい出来事にあって助けてほしいと反射的に願う瞬間、不条理に直面して怒りを覚える瞬間、神に向けて言葉を発するそのすべてが祈りと言えるのですから。

キリスト教でこういった広義の祈りが大切にされるのは、それによって絶えず神と会話をし、関わることが何よりも大事だとされているためです。これは、「罪は悪ではない」でお話した「神のほうを向く」努力であるとも言えます。

　また、信仰しているならば祈らなければならない、とされているわけではありません。信仰していればおのずと神と会話することになる、それがそのまま祈りを意味している、ということです。しかも「神」という、なにやら得体の知れないぼんやりとした抽象的な概念に向かって祈るのでは、そこに親しみなどは生まれませんが、キリスト教では、神がイエスというひとりの人間として私たちに現れてくれたと信じていますから、神が人と人との関係のように親しく私たちと関わってくれる存在であると認識されています。そのため親しい相手としての「神」を想定することができ、「会話」も生まれます。

　逆に言えば、クリスチャンは常に神に親しみを覚えるために祈っている、と言えるかもしれません。だから、何か具体的な願いごとや用事がなくても、神に語りかけることを大切にするのです。そうして日々、神との信頼関係を築いていく。それによって少しでも神の意図を読み取ろうとする。クリスチャンにとって祈りとは、何よりも神との関係性を強めるためのものなのです。

真実は事実ではない

この章の最後に扱う言葉は、「真実」です。しかし「真実」という言葉が聖書に出てきて、その言葉の意味が誤解されている、ということではありません。むしろ、聖書全体が「真実」を伝えようとしている、ということです。ですから、「どうして世界の多くの人々がこんな事実無根なことが書かれた書物を信じているの？」という疑問を持っている人には、以下の話は多少なりとも役立つと思います。

科学者が聖書や神を信じている、または私のような哲学者が聖書を真実だと思っている、そんなふうに言ったときの「真実」が何を意味しているかを説明するために、まずは「真実」と「事実」の違いについてお話ししましょう。

聖書の記述はすべて事実？

クリスチャンの中には、「逐語霊感説《ちくごれいかんせつ》」という説を主張する人々がいます。一瞬なにやら小難しい説のような名前ですが、その内容は簡単です。すなわちそれは、聖書に書かれていることはすべて神から「霊感（インスピレーション）」を受けて書かれたもので、一字一句まったく誤りのない事実である、という立場なのです。

以前にアメリカで、学校で進化論という誤った説を教えるなどとんでもない、世界は聖書に書かれているとおり神の言葉によって六日間で創造され、現在まで変化していないのだから、それを教えるべきだ、という裁判が起こされ、賛否両論巻き起こったことがありました（今でもその論争は続いています）。この時に、進化論に反対した人々が、いわゆる「逐語霊感説」を唱える人々です。彼らにとっては聖書に書かれていることはそのまま事実であり、それを受け入れるのが信仰だとされているのです。

このような論争が起こっていることは日本でも比較的よく知られているので、あるいはクリスチャンとはこのような信仰を持った人々だと誤解されているかもしれません。しかし、多くのクリスチャンは、彼らのように聖書の記述をそのまま事実と受け取っているわけではないのです。

前述したように、私は聖書は「信仰の証言集」だと考えます。ここには、自分が出会った神がどのようなものであったかを伝えようとした著者たちの強い思いが表れている、その点は確信していますし、その意味で著者が嘘の証言をしたとは思いません。聖書に書かれていることはすべて「真実」であろう、と信じています。しかし、だからといってこれがすべて「事実」だったと考えているわけではありません。

そして、この「事実」と「真実」の違いを認識することが、聖書を読むうえで大切な姿勢であろうと思います。

事実と真実

では、「事実」と「真実」はどう違うのでしょうか。辞書などをみても、この二つがほとんど同じ意味で使われていることがわかるので、私がこれをどのように区別して用いているのか説明するのは少々難しいのですが、ひと言でいえば、事実とは、科学的にも証明できるような、客観的な事柄です。

第１章で奇跡物語について説明した時に、美しい夕焼けの例を出しました。ある人が美しい夕焼けを見て、その美しさを伝えるために「空に一面レンゲが咲いたようだった」と表現したとしたら、その表現はけっして嘘ではないだろう、という話です。再びこのたとえで考えてみると、ここでは、空が赤く染まっているという現象そのものが、「事実」だと言えます。これは科学的にも証明できる事柄です。

それに対して真実とは、このたとえで言えば、夕焼けを見た時にその人が感じたこと、それに心を打たれたという出来事そのもののことです。

真実とは、その出来事が何かしらの意味や重さを持ち、受け取る側に感動や影響を与えるような事柄なのです。ですから、客観的に証明できる事実を述べれば、真実も伝わるとは限りません。そして逆に、事実を抜きにしても、真実が伝わる場合もあります。それはまさに、この夕焼けの例で「空に一面レンゲが咲いたようだった」という表現をした場合のようなことです。ここで「太陽の光が空気層を通る時に屈折して云々」といった事実を述べなくとも、そのひと言で十分に夕焼けの美しさが伝わります。そしてその表現を受け取った人の中に再現されている感動がまさに真実です。つまり真実とは、とても生々しいものであり、ある意味で事実以上に大切な「本当のこと」だと言えます。

その意味で、私は聖書から事実を読み取ろうとはしません。もし聖書が客観的な事実のみを列記したものであったなら、その価値は、過去を知るための歴史的文書というところにしかなくなってしまいます。しかし、聖書は教会の中から、信仰の証言として生まれてきた書物です。聖書の本当の価値はここにあります。

だからこそ、私が聖書に求めるのは事実ではなく、信仰者が伝えようとした真実のほうであり、それ読み取るためには、やはり教会という文脈に聖書を置いて読まなければいけないだろうと考えるのです。

真実と自由

ところで聖書には、「真理はあなたたちを自由にする」（ヨハネによる福音書８章32節）というイエスの言葉が記されています。ここでいう「真理」とは、私がこれまで説明してきた「真実」と同じ意味であろうと思いますが、聖書は、この「真理」をイエス・キリスト自身を指す言葉としても用いています。実際にイエスが「わたしは道であり、真理であり、命である」（ヨハネによる福音書14章６節）と言い表している記述もあります。

私たちは真理、すなわち神と出会うことで自由になれる――それは、神と出会うことで、絶対的なものは神しかない、つまり逆に言えば、すべてのもの（神以外）は絶対ではないと思えるようになるからです。神が真実であるならば、真実以外に絶対のものはない、とも言い換えることができるかもしれません。

ここには、価値観の転換があります。もし神（真実）以外のものがすべて絶対でないのならば、私たちは神（真実）以外のものに支配されることはありません。つまり、この世のどのような事柄にも（社会的な地位や名誉やお金といったことにも）支配されない、そしてそこに価値を見出さなくなるのです。ここには、確かに自由があると言えるのではないでしょうか。

〈コラム〉牧師と神父はどう違う？

「牧師」と「神父」は、みなさん聞いたことのある言葉でしょう。どちらも、教会を管理し、信徒を指導する人を指します。しかし、この牧師と神父、似て非なるものだということをご存じでしょうか。

結論から言うと、牧師がプロテスタントの聖職者で、神父がカトリックの聖職者です。ですから、プロテスタントの教会に行って、「神父様」と呼びかけたら（その逆も）変な顔をされるかもしれません。

彼らの違いは見た目からでもわかります。神父は普段でもカラーのついた黒い服を着ていますが、牧師には特に決まった服装はなく、普通の人と同じ格好をしていることが多いです。

カトリックのほうが教会堂も荘厳で雰囲気が出るためか、映画に出てくるキリスト教の聖職者はたいがい神父です。映画『オーメン』や『エクソシスト』や『ミッション』に出てくる黒服の人も神父です。また、仕切りのある小さな部屋で懺悔を聞いているシーンがあれば、それも間違いなく神父です。村の質素な教会や、ゴスペルで盛り上がっている教会にいるのはたいていい牧師です。

ちなみに、修道会もほとんどがカトリックです。ですから、「シスター」と呼ばれる修道女もたいていカトリックです。プロテスタントで修道院があるのはルーテル教会だけで、他はありません。

また、厳密に言えば牧師と神父とは、対応する言葉ではありません。牧師は職務を指す言葉ですが、神父とはカトリックの「司祭」を呼ぶ時に使う敬称です。ですから、本来対応するのは牧師と司祭ということです。敬称で対応させようと思えば、牧師はたいてい単純に「〇〇先生」と呼ばれますから、先生と神父（様）が対応する言葉となります。

基本的には牧師は結婚ができ、司祭（神父）は結婚が認められていません。プロテスタントでは女性牧師が認められているところが多くありますが、カトリックではまだ女性司祭は認められていません。

第3章　「信じる」という感覚

信仰は非日常的な感覚？

日本では、「あなたの宗教は？」と聞かれると、「無宗教です」と答える人が多いようです。世界的に見れば何らかの信仰を持っている国・人のほうが多いため、日本人の信仰心の欠如が、グローバルな物の考え方を理解するための壁になっているとも指摘されます。

しかし、日本人が宗教にまったく関係がないかというと、そうでもなく、「家は仏教です」ということはよくあります。家の墓が仏教のお寺にあり、家族の葬儀を仏式で行うことがあるからでしょう。私の生まれた家も浄土宗の寺に家の墓があり、両親はじめ家族たちを納骨しています。私はクリスチャンになりましたので、家の墓というわけにはいかず、同じくクリスチャンだった妻は教会の墓地に納骨させてもらいました。

個人としては自分を特に仏教徒として意識してはいない、というのが日本人の平均的な考えかもしれません。葬儀など特別な場合に初めて自分の家の宗教を意識することが多いのではないでしょうか。また、病気になって死を意識したり、大きな悩み事に苦しんだりした時に、初めて宗教関係の本を読んだり、話を聞いたりして、宗教を意識することもあるでしょう。そのため、宗教を信じるようになるには、並々ならぬ体験がなければならないと思われるのではないでしょうか。そして、信仰を持っている少数の日本人、または西洋の国々の信仰心というものを、非日常的な未知の感覚であると思うのかもしれません。

しかし、日本人にも宗教心の芽生えとでもいうのでしょうか、そういったものはあると思っています。たとえば、初詣には大勢の人が神社に出かけます。山へ行くと大木には神聖な場所という意味で注連縄《しめなわ》が飾ってあります。道沿いにはお地蔵さんが祀られています。山開き、海開き、あるいは建物の建築の際には、神職にお祓いをしてもらいます。いわば生活文化の一部になっている場合には、宗教的な行為がごく自然に受け入れられ、抵抗感がないのかもしれません。

このような宗教的行為が受け入れられても、日本人が宗教的信仰には無関心、懐疑的なのはなぜでしょう。そしてその一方で、信条や信念、時には尊敬する人の教えなどに対してはまるで神を信じるかのように絶対的なものと思い込んでいることがあります。そのことには疑問を感じないのは不思議です。

本来、信仰というものは日本人がイメージしているような浮世離れしたものでも非日常的なものでもありません。それはその人の思考パターンを決定しているもの、ごくごく基本的な生きる姿勢のようなものなのですが、その感覚が少しでも理解できれば、信仰心というものに対する視野が広がるかもしれません。そこで、この章では特にキリスト教の「信仰を持つ」ということがどういうことなのかに焦点を当ててお話したいと思います。

確かに信仰は、きわめて個人的で内面的なものですから、それぞれの人に応じてさまざまな形をとり、外からは見えにくいものかもしれません。しかし単なる心の持ち様というだけではない、生活を変える具体的な力であるという点では誰にでも共通していると思います。私がキリスト教信仰についてお話する場合も、私個人を離れてはできませんが、信仰を持つというのはこういうことかと少しでもわかっていただけたら幸いです。

信じるのはなぜか

普通の人なのに自分と違う？

日本にはクリスチャンが少ないとはいえ、知人に一人くらいクリスチャンがいる、という人は多いのではないでしょうか。そしてきっと彼らは、いわゆるクリスチャンのイメージ（穏やかで優しくつつましい）とはだいぶ違う、ごく普通の人でしょう。とりたてて性格がいいわけでもなく、お酒も飲む、さらには他の人と同じように、たまには悪いこともしてしまう……そんな人たちなのではないでしょうか。あるいはもしクリスチャンの知り合いがいないのであれば、ごく普通の友人が実はクリスチャンであったら、と仮定してみてください。そういった普通の人たちがクリスチャンであるのを知った時、「この人はどうしてキリスト教を信じているんだろう。普通の人のように見えて、自分とは違う一面があったんだな」と少し不思議に思うのではないでしょうか。

実際は宗教についての質問はしづらいでしょうから、直接尋ねることはあまりないのかもしれません。しかし私もときどき、「キリスト教のどの教えが好きなんですか」とか「どこがよくて信じているんですか」といった趣旨の質問をされることがあります。

きっとキリスト教を信じていると言うと、私がキリスト教の何か特別な要素に惹かれ、また共感したからこそ、これを信じることを決めたように見えるのでしょう。特に私の場合は両親がクリスチャンであったわけでもなく、一人で教会に飛び込んでいったという経緯がありますから、そういう話をすると、あの人はきっとキリスト教のすばらしい教えに出会って、それゆえに自ら選んで信じることにしたのだろう、と思われるようです。クリスチャンの家庭で育った人たちがクリスチャンになることには、理由がなくても違和感がないようなのですが、私のように誰に勧められたわけでもないのに自ら教会の門を叩いたとなると、自覚的に選んだというイメージが強くなり、「何がよかったの？」とことさら聞かれることになります。

また、クリスチャンになったころは、高校の同級生などに「お前、あんなアホらしい奇跡話を本当に信じてるのか」とからかわれたり、大学で哲学を学んでいた時には「おまえクリスチャンだろう。神様がいるって信じてるじゃないか。そういう答えを見つけちゃったヤツが、どうしてまだ哲学をする必要があるんだ」と問い詰められたものです。

そのころはまだ私も若く、自分の中での理解も充分でなかったものですから、いちいち答えに窮しては一人悩んでいたものでした。

しかし、信じるということは、ありとあらゆる思想や宗教を勉強し、すべてを理解したうえで、これが一番いい、と選ぶことではありません。また、人生の難問すべてに対して有効な最終的な答えを見出した、といったようなことでもありません。

先にもお話ししましたが、すべて完全に理解できるものを信じることは信仰とは呼びません。客観的に誰もが納得でき、理解できるような事柄は、厳然とそこにある「事実」というだけのものであり、わざわざ「信じる」必要もないものです。さらに、もしすべてのことを超越した、なにか悟りのような境地に至ったとするならば、それもまた「信仰」とは言えないでしょう。なぜならすでに答えを見出したのであれば、やはりもはやそれを「信じる」必要はないからです。

信仰と一目惚れ

信仰を持つということは、極端な言い方をすれば、「一目惚れ」のようなものです。宗教を信じるなんて、人生そのものを変えてしまうようなことを、そんなあやふやな理由で決めるなんて意外に思われるかもしれませんね。ですが、相手の内面をほとんど知らなくても一目惚れすることができるように、私の場合、キリスト教やイエスに何か感じるものがあり、その思いに従って付き合いを始めたというだけのことなのです。

もちろん、見たことも会ったこともない人に一目惚れはしないわけですから、私の場合は、ひとまず教会に行って聖書を読み、そこに描かれているイエスに出会ったというきっかけがあってのことです。ただ、キリスト教のすべてを理解し、またそれに共感して信じることにしたわけでもありません。実は聖書すべてをきちんと通して読んだのも、ごく最近のことです。

一目惚れするにはそれなりの魅力があったのだろう、と言われるかもしれません。もちろんそれはありました。ですから挙げろと言われれば何に惹かれたのか、表面的な長所をいくつも挙げることはできます。

しかし、たとえば一目惚れをした相手のどこがいいのかと問われたら、なんと答えるでしょうか。「声がよかった」とか「スタイルがよくて」とか「優しいから」などなど、挙げることはできますが、それが決め手かと言われるといまいちしっくりこなかったりします。むしろ、どこが好きなのかを理屈で説明しようとすればするほど、表現が色あせて、気持ちが伝わりづらくなってしまいます。好きになった本当の理由は、よくよく調べれば存在するかもしれませんが、現実にはあらゆる要素がからみあって、「その人がその人であるがゆえに、ただ理由もなく好き」としか言いようのない状態であることが多いでしょう。そこには理屈などないのです。特に一目惚れにおいては。

意外かもしれませんが、信仰もそのようなものです。何がよかったのかを説明するのは難しいし、その出会いも自分が選んだものではありませんから、奇跡的な出会いだったと言うしかありません。それは、六十億もの人間全員と会って、そのうえで一番よいと思われる人を伴侶に選んだのではなく、偶然の、奇跡的な出会いがあってその人と共に歩むようになったということと同じです。すべての人と会ったわけではないから、もしかするともっといい人がいたのかもしれない、その可能性ももちろんあります。

けれど、なぜだかその相手に出会って好きになり、自分にとってかけがえのない人だと思えたからには、この人と決めなければ関係は始まりません。自分自身の愛情に半信半疑では、相手との関係は深まりませんし、相手を理解することも難しいでしょう。同じように、キリスト教に感じるものがあって、より深く知りたいから、ほかの宗教ではなくキリスト教を信じるのです。私にとって信仰とは、そのようなものなのです。

信仰は出発点

そのようにいわば理屈抜きで信じることにしたわけですが、信じたらそれで終わりというわけではありません。私も最初はクリスチャンとして生きるということがどういうことなのかまったくわかりませんでした。

「宗教家」という言葉には、いつも悟りを開いた人のようなイメージがつきまとっていますが、私も自分がクリスチャンになる前は信仰に対してそういう意識があり、信じれば自分の持つさまざまな疑問の答えが与えられるかのように思っていました。また、聖書の教えをすべて実践すれば立派なクリスチャンになれるのだと思っていました。が、そんな思いで教会に飛び込んでみたものの、いつまでたっても自分はそんな完成された人間にはなれそうもない、と途方に暮れてしまったわけです。

おまけにもっと不可解なことに、まわりのクリスチャンを見ても、とりたてて道徳的に高潔なわけでも完成されているわけでもなさそうだ。いや、むしろとても立派とは言えない人がたくさんいるではないか。いったいどうなっているのだろう……と純朴な少年だった私は真剣に悩んでしまいました。そしてそんな疑問を牧師に相談したところ「洗礼を受けたらどうか」と言われたので、これまた純粋に、受ければわかるのかと思ってすぐさま「はい」と答えたのです。しかしこの単純さにはさすがに牧師も心配になったのか、「ではもう少し勉強しましょう」と言われ、数か月牧師と共に勉強をして、洗礼を受けたわけです。しかしもちろん、このたった数か月の勉強で一度抱いた疑問が消えたわけではありませんでした。

しかし、洗礼を受けてから少しずつわかってきたのは、信仰とは出発点であって、けっしてゴールではないということです。一目惚れのたとえでも説明したように、信仰も多かれ少なかれ一線を飛び越えて始める事柄であって、その意味では自分が洗礼を受けた経緯も、あながち間違ってはいなかったのではないかと思います。いやむしろ、キリスト教に何らかの結論を見出した、あるいはすべてがわかったから信じることにした、というプロセスを経ているクリスチャンはおそらく一人もいないでしょう。

信仰を持つということは、ある面で、理屈抜きに惹かれることであり、その思いに従って相手との関係を始めることです。その関係の中で、付き合ってみて初めてわかる相手の一面や、自分自身の変化によってとらえ方が変わっていく経験をします。聖書を読めば、これまで紹介したさまざまなエピソードのような驚くべきイエスの姿に出会って混乱もしますし、また自らの人生でもさまざまな困難を経験し、そのたびにキリスト教に対する思いも、イエスへの見方も変わっていきます。そのようにして信仰もまた、どんどんと変えられ、深められていくものなのです。

特に私にとっては、具体的な人との出会いはクリスチャンとして生きる上で大きな変化をもたらしてくれました。最初はクリスチャンと言えば禁酒・禁煙であろうと考えていたのが、実際に尊敬するクリスチャンと出会い、その人が煙草を吸っていたりするのを知って考え方を変えられたりもしたのです。人としてたいへん尊敬できる、またその信仰のあり方にも教えられるところが多い、そんな人が煙草を吸っている。そうか、煙草を吸う・吸わないなんて信仰の本質とは何の関係もないんだな！　といった具合に、ひとつずつ、具体的な出会いの中で新しい視点を与えられていったわけです。

信仰と哲学

また私の場合、クリスチャンとなったことで哲学に興味を持ち、哲学の世界に足を踏み入れたという点でも、信仰は出発点となりました。クリスチャンとなったことでむしろ人間存在に対してわからないことが多くなってしまい、それで哲学を学ぼうと思ったのです。

クリスチャンになる前は、大学に行って就職して、というごく普通の生活を考えていたのですが、クリスチャンになったことで、どんな生活をするかよりも人間が生きていることそれ自体が大きな問題で、どのように生きるかを腰を据えて考えなければならない、それこそが重要で、あとは何とか食べられればよい、と思うようになりました。大学選びも自分の決心にふさわしく何か思い切った冒険のできるところがよい、そう考えて受験校を探しているうちに、国際基督教大学という聞いたこともない大学を見つけ、そこで哲学を学ぶこととなったのです。ですからおそらく、クリスチャンになっていなければこの道は選ばなかったでしょう。

よく哲学は「人間の学問」と言われ、信仰の世界とは区別されます。私も特に学生時代などは、その両者の間をどう埋めたらよいのかとずいぶん悩みました。合理的説明を求める哲学と、ある面で合理的な説明を飛び越えたところにある信仰ははたして相容れるものなのか？　私が哲学を始めたのは、そもそも信仰者となったことに由来するのですから、哲学をする際にも自分が信仰者であるということは切り離せないわけです。悩んだ末に、「信仰と理性」を卒業論文のテーマとしたほど、それは私にとって大きな問題でした。そして論文では、信仰は迷信とは違い、それ自体として独特な認識のあり方であり、理性と矛盾するものではないということを説明しようとして、神学者であり哲学者である大教父アウグスティヌスの思想に関係づけて考えたように記憶しています。

神学と哲学もよく比べられますが、神学は教会の学問であり、人を正しい信仰に導くという目的があるものです。つまりそれは「信じている」という前提が必要とされる学問で、信じる人にも信じない人にも開かれた哲学とは違います。しかし、私にとって信仰はきっかけですが、考えるための前提ではありませんでした。信じたことで、いつも問いを発しながら生きなければならないということに目覚めたのであって、信じたからこれでもういいやということにはなりません。信仰は答えではないからです。ですから、私は信じることを前提としない、広いコンテキストで人間を考える哲学に惹かれたのであろうと思います。

しかしアウグスティヌスなどは哲学と信仰を区別していません。「哲学」の原語「フィロソフィア」はギリシア語で「愛智」、知恵を愛するという意味ですが、アウグスティヌスは、本当の知恵は聖書の中にあり、それを受け入れている信仰者はみな哲学者である、という考え方をしました。そして私も今は、哲学も信仰も人間の事柄だというふうに理解しています。信仰というと何かたいへん神秘的なもののように思われますが、信仰は所詮人間が持つものですから、その点では哲学と同じ人間の事柄と言えます。また、今ではことさらに信仰を弁明しようとは思わなくなりました。信仰によってこそ開かれる真実の道があると思うからです。

ただ、私たちの「信仰」と、その対象である「神」という存在は区別されなければいけません。私たちが持っている「信仰」は人間の営みであり、たえず不完全なものですが、その対象となっている神は完全な、絶対的なものなのです。しかし、この論理が反対になると、「私たちの信じている神は絶対だ。だから、私たちの信仰も絶対だ」というふうになってしまい、原理主義に陥る危険があります。自分の信仰が百パーセント正しい、などというのは思い上がりです。神が絶対だとしても、それを信じている自分の信仰が正しいなどという保証はどこにもないのです。なぜなら、何度も繰り返しているように、人間にはけっして神がわからないからです。

そういう意味でも、哲学と信仰はとてもよく似ています。絶えず真理を求めながらも、それを完全にわかったと思ってはならない、というのがソクラテスの思想でした。われわれはけっして知恵をつかんだと思ってはならない、われわれはただそれをひたすら愛し、求めるのだ、という探求の精神です。そして、聖書に「信仰とは、望んでいる事柄を確信し、見えない事実を確認することです」（ヘブライ人への手紙11章1節）とあります。信仰もまた、まだ見ぬものを、しかしそこにあることを確信しつつ探求し続けることなのです。

〈コラム〉洗礼って何？

洗礼とはキリスト教徒になるための儀式です。もう少し詳しく言うと、イエス・キリストを救い主と信じることを告白し、キリストのからだである教会の一員になるための儀式です。そのため洗礼式は、会衆の集まる礼拝のなかで行われます。その方法は大きくわけて二種類あります。ひとつは洗礼を受ける人の全身を水に浸す「浸礼《しんれい》」という方法で、もうひとつは頭部に数滴水を注ぐ「滴礼《てきれい》」という方法です。どちらの方法で洗礼を行うかは、教会や教派によって異なります。どの教会で洗礼を受けても、洗礼は生涯に一度だけ行われ、所属する教会が変わってもやり直すことはありません。

親の信仰に基づいて、生まれたばかりの赤ちゃんに洗礼を授ける幼児洗礼（この場合は大きくなってから信仰告白式をします）を行う教会がある一方で、本人の意思を重視して幼児洗礼を認めないという教会もあります。いずれにしても、信仰は教会の交わりの中で育てられ守られるものであるということを忘れないことが大事でしょう。信仰を信念の強さと取り違えて、信仰のあるなしをあげつらうことは避けなければなりませんし、迷いや疑いがあるので自信がないと言って躊躇する必要もないでしょう。古代には、洗礼を受けた後に罪を犯すと重くなると考えて、死ぬ間際まで洗礼を延ばすという人たちもいました。しかし、洗礼を受けても人間として生きている限り、迷いや悩みはあります。人生のさまざまな問題に直面し悩み迷いながら、教会の交わりの中で信仰を持続させることが何よりも大切です。

カトリック、正教、聖公会などでは「洗礼名」(クリスチャン・ネーム)といって、洗礼を受けたしるしとして聖人名や聖書に登場する人物にちなんだ名前をつけます。もしまわりに洗礼名を持っている人がいたら、その人はこの三つの教派のどれかに属しているということです。例えば、天草四郎(フランシスコ)、高山右近(ジュスト)、黒田官兵衛(シメオン)、細川たま(ガラシャ)など、日本でかつてキリシタンと呼ばれた人たちの洗礼名を耳にされたこともあるでしょう。聖人の名前を使う場合には、自分と同じ誕生日の人を選ぶこともありますす。聖人カレンダーといったものもありますので、自分と同じ誕生日の聖人を調べてみるとおもしろいかもしれません。

信じたら何かいいことがあるのか

「ご利益《りやく》」はない

先に「信仰はゴールではなく、出発点だ」と述べました。信仰とは、何かを理解したから信じることにした、というのではなく、まず信じるところから始めるものです。そこから神への問いかけも始まりますし、また私の場合は、そこから哲学の学びも始まりました。何もわからないままに、ただ「知りたい」という思いから、そして、理由を説明できない「一目惚れ」のような気持ちで、クリスチャンになったわけです。

というわけで、私が「信仰したら何か得なことがありそうだ」と思って信じ始めたわけでないことは、すでにおわかりいただけたのではないかと思います。が、とりあえず信じたという出発点はまあいいとしても、その後も延々とクリスチャンを続けているということは、信じていると何かしらそこにいいことがあるからなのではないか、と思われるかもしれません。

キリスト教はご利益を求める宗教ではありませんから、神を信じて祈っていると悩みがなくなるとか病気が治るとか、ましてやお金持ちになれるといったような、「いいこと」はまったくありません。そういう意味では、信じても何もいいことはありません。

ただ、今の自分の状況を言い表すとすれば、もはや「信じることを選んでいる」というわけではなく、イエスとの、すなわち神との関係がすでにできあがってしまったから、おのずと信じ続けている、という感じです。あるいは自分が信じるか信じないかを選ぶ「主観」とはもはやまったく関係がないところに信仰がある、とも言えるでしょうか。そもそも自分の信仰が本当に神のほうを向いているものなのかは自分にはわからないのですから――もしかしたらまったく違うほうを向いているのかもしれませんから――そんな自分の信仰の確かさなどとても断言できないのです。中には「自分の信仰に自信が持てたら洗礼を受けることにする」という人がいますが、そうなったらおそろしいことです。

しかし私が、クリスチャンとなったことで、神とは何か、人間とは何かということを深く考えるようになったことは事実です。そして、それを考えれば考えるほど、自分がどうしようもない人間だということを痛感させられてきたこともまた事実です。聖書の教えに従おうとしても、けっしてできない。「隣人を愛せ」と言われて、なるほどと思うけれども、実際には愛せない。ことあるごとに恨みつらみにとらわれてしまう。「右の頬を打たれたら左の頬を出せ」と言われて、よし、次こそはと決心するけれども、実際には相手を殴り返してしまう。そんなこととの繰り返しです。

そしてもちろん、自分の弱さ醜さを痛感するのは、聖書の教えに従えないということからだけでなく、ひとりの人間として生活する中で、仕事で、家庭で、さまざまな人間関係からも受ける実感です。年を経るごとに、自分が理想とするような生き方に近づくどころかますます離れていく一方で、自分の中に汚れたもの、暗いもの、否定的なものがたくさんあることに気づかされます。そして、それに気づくたびに、自分のように惨めでみすぼらしいものがなぜ生きていかなければならないのだろうと絶望的になったりもします。これは、あるいは私だけでなく、多くの人が感じてきたことなのかもしれません。

しかし、そんなときに自分にとって劇的なよりどころとなったのが「こんな自分が、しかしありのままに神に受け入れられている」という確信です。これは、私が信仰を持っていて得られた最大のものと言えると思います。自分がどんなにみすぼらしい存在でも、おまえはおまえでいいんだぞ、と神が言ってくれているという確信、この確かな実感が私にはなぜか強くあるのです。

「神は愛」だから安心？

私がこのような思いを持つのはなぜなのか、その根拠を考えてみると、いくつかの仮説を立てることはできるかもしれません。

そのひとつが、聖書に描かれたイエスの姿です。よくキリスト教は「愛の宗教」だと言われますが、それはイエスの「隣人を愛しなさい」という教えや、彼が病人や悲しんでいる人を癒していた姿からきていると思われます。さらにはそのイエスの姿に倣って、マザー・テレサのような偉大な働きをしている人がいることも、キリスト教をますます「愛の宗教」とならしめているのでしょう。

実際にイエスの教えの中心は「愛」であったと、私も思います。すべての掟の中でもっとも大切なものはどれですかと問われた時、イエスは「『心を尽くし、精神を尽くし、思いを尽くして、あなたの神である主を愛しなさい。』これが最も重要な第一の掟である。第二も、これと同じように重要である。『隣人を自分のように愛しなさい』」（マタイによる福音書22章37―39節）と答えています。イエス自身が、神を愛し、人を愛することをもっとも重要な掟と位置づけているのですから、やはり彼の教えの中心は「愛」です。そしてまたイエスは「神は、その独り子をお与えになったほどに、世を愛された」（ヨハネによる福音書3章16節）と述べて、自分がこの世に来たことは神がすべての人間を愛していることの表れだと説きました。

しかし、イエスが言う「愛」は、実際には人間にはけっしてわからないものなのです。なぜなら、それは「神」の愛だからです。人間には、人間をはるかに超えた存在である神を把握しきることはできません。ですから当然、その神の愛も、具体的にはどのようなものなのかはわからないのです。神の愛の形が、すべて人間にとって望ましいものとも限りません。極端に言えば、私たちにはとても愛とは思えないようなひどいことすら、神の愛である可能性もあるのです。神の愛を、人間が理解できる範疇の愛だけに限定してしまうわけにはいきません。

イエスとの関係

もちろん、神の愛は人間の考えるものと同じと言えないとはいえ、多くのクリスチャンは、イエスが病人や貧しい人を癒した姿には、人間が理解できる範囲での神の愛を感じているでしょう。さらにイエスが当時道徳的に優れていないと言われていた人々（ちなみに当時は、病気になるのもその人が悪いことをしたせいだと考えられていました）のところに行ったということも、大きな意味を持ちます。彼は「医者を必要とするのは、丈夫な人ではなく病人である。わたしが来たのは、正しい人を招くためではなく、罪人を招くためである」（マルコによる福音書２章17節）と言って、逆に自分たちは正しいと誇っている人々を厳しく批判しました。これはイエスが、当時の律法や道徳的戒律を、そしてイエス自らの教えすらも完全に守れなくてもよい、それができなくとも人間は救われる、と考えていたことを意味しています。

実際に「敵を愛せ」「隣人を愛せ」といったイエスの教えを完全に守ることは不可能です。そしてイエスは、そんなことは知っていたのだろうと思います。人間にはけっして守れないとわかったうえで、しかしそのようにあれと勧めていたのではないかと思うのです。

このイエスの姿は確かに私に、自分がありのままで受け入れられているという安心感を与えてくれるものではあります。しかし、やはりこれも私にとっては、その確信を持つに至る理由のひとつにしか過ぎません。そういったイエスの行為が自分にとって意味を持ってくるのは、自分とイエスの直接の関係ができあがっているからこそなのです。これは、一目惚れから始まって、今日まで延々と続いてきた私とイエスの関係の中で築かれてきたことです。いわば人と人との付き合いのように、聖書や教会を通してイエスとの関係を深めてきた、その蓄積があるからこそ、イエスへの信頼も生まれ、その行動や言葉がますます自分にとって大きな意味を持ってくる。そして具体的・人格的な存在としての神を感じることができるのです。

ですから、神の愛がどのようなものなのかは私たちにはわからない、はかれないにもかかわらず、それでも自分が神に受容されているという安心感を持つことができます。なぜならそこには理屈では説明できない、信頼関係ともいうべきものが築かれているからです。

そしてさらに言えば、実はこのイエスが「復活」をしたイエスだからこそ、そこに神の愛を感じ、また自分が受容されているという確信を持つことができるのです。なぜならキリスト教では、神の愛がもっともはっきりと表れたのが、イエスの十字架と復活においてであり、これこそが神の愛そのものだ、とされているからです。

復活がなぜ愛の証しになるのか、この点については、後の項で詳しく説明しましょう。

自分自身から解放される

さて、しかし自分が「愛され受け入れられている」というこの感覚が実際はどんなものかということを説明するのは、それがとても個人的なものであるだけに、たいへん難しいことです。ただ、長い間キリスト教を信じてきて、次第にはっきりと形をとってきた神のイメージは、いつも自分を見つめている「まなざし」というものです。そしてそのまなざしは、私自身も知らない私まですべて知っていて、そのうえで私を受け入れている、あたたかなまなざしなのです。このイメージが実感としてあるからこそ、私は確かに神がいると思うことができます。

そしてこのまなざしを感じることで、私は自分自身の「こうあらねばならない」という思いから解放されることができるのです。それはあくまで「これであとはどうでもいいんだ」という思いではなく、ただ「このままでよい」「自分は自分でよい」という、安堵のような気持ちです。立派な人間にならなければいけない、こんなはずではなかった、という自分に対するわだかまりから自由にされて、どんな自分であっても、それがそっくりそのまま受け入れられていると思えること。それが、私にとっては限りない安心であり、生きていることの意味です。

自分で自分を認められないということは、とてもつらいことです。何をどうあがいても自分自身からは逃れられませんから、自分が考える「こうあらねばならない」という理想に沿えないとき、もっとも厳しく感じるのは自分自身の目です。しかし神はこのままの自分を知っている、しかもこのままの自分を認めて、受け入れてくれている、そう考えると、「こうあらねばならない」が消えて、ただここにいる自分を認めることができるようになるのです。

だから私は、もし神が「そんなお前ではダメだ」とか「これができたら天国に入れてやろう」などと言うような神であったら、そんな神様はこちらから願い下げだとまで思っています。そして、神が自分をこのままで受け入れてくれているという確信から、「私は天国に行くことが決まっています」という言い方で自分の信仰を言い表すこともあるくらいです。

この確信によって、私は本当に自由になれたと思っています。だからもし、「信じたら何かいいことがあるのか」と聞かれたら、「ありのままの自分が受け入れられていると確信できること」、そしてそれによって「自由になれること」が、信仰が与えてくれる最大のものだ、と答えるでしょう。

「復活」はなぜ重要なのか

復活と受容感

これまで、信じるということは理屈ではないし、また信じていて得なことがあるわけでもない、ということをお話ししてきました。そして、しかし私は信じていることで自分が無条件に神に受け入れられているという安心感がある、ということもお話しました。こういった確信を得ているのは、何も私だけではなく、おそらく多くのクリスチャンも同じだと思います。

私のように長らくクリスチャンを続けていく中で、次第にゆっくりとその確信を得ていく人もいるでしょうし、そうではなく、何か劇的なきっかけがあって突然その確信が得られた人もいると思います。確信に至る過程も、さらにその確信がどのような感覚のものなのかも、人それぞれです。特にその感覚については、あまりにも主観的でひと言で説明できるようなものではないので、説明するのは難しいでしょう。

しかし、クリスチャンたちが共通してもっとも大切にしている事柄、そして「自分が受け入れられている」という感覚のもっとも大きな根拠となっている事柄が、イエスの「復活」という出来事なのです。しかし一見まったく関係がないように思える「復活」と「受容感」がつながるのはなぜなのでしょうか。

この項では「復活」について考えてみたいと思います。

十字架というシンボルが示すもの

キリスト教のシンボルは、なんと言っても十字架でしょう。世界中どこに行っても、十字架がついている建物を見ればキリスト教の教会だということがわかりますし、体の前で十字を切る人を見れば（あれはカトリックと正教の信徒がする動作ですが）、その人がクリスチャンであるということが（ついでにカトリックあるいは正教だということも）わかります。しかし、なぜ十字架がキリスト教のシンボルになっているかということは、実は意外と認知されていないようです。

そもそも十字架とは、イエスが生きていた当時、その地方ではもっとも惨めな、残酷な処刑法であった十字架刑のことです。これは、ユダヤ地方を支配していたローマが他民族を処刑する際に使用したもので、いわゆる政治犯、反逆者を処刑する時に用いたものです。つまりイエスは、政治犯として十字架につけられたわけです。

彼は、自らを「人の子（神の子、の意味）」と呼んだことで、神を冒瀆したと怒ったユダヤ教の祭司たちに捕らえられ、「こいつは自分がユダヤ人の王だと言ってローマに反逆しています」とローマ帝国に突き出されました。そして、その結果有罪となり、十字架刑で死刑にされました。イエスの弟子たちは、イエスがユダヤ教の祭司に捕らえられた時すでに恐れをなして皆散り散りに逃げてしまっていました。

しかしイエスは、ローマへの反逆罪という点ではまったくの無実でした。その彼が、なぜ十字架で殺されなければならなかったのか（反論して逃れようともしなかったのです）

――キリスト教では、それは人間の罪を「あがなう」ためだったのだ、と考えます。

この「あがない」とは、ひと言でいえば、なにかの代償として物や行為を献じること です。ユダヤ教には、昔から神を礼拝する際に動物をいけにえとして捧げる習慣がありましたが、これも「あがない」のためのものです。つまりイエスの十字架の死は、人間の罪の代償として自らの命を差し出した結果であり、このイエスの死によって、人間の罪が許されたのだ、とクリスチャンは考えるわけです。

そう聞くと、なるほど、ではクリスチャンはイエスがいけにえとなって死んでくれたことの象徴として十字架を大切にし、シンボルに掲げているのだなと思われるかもしれませんが、実はまだそれだけでは、十字架をシンボルにしている理由とはなりません。

誰かの身代わりになって死ぬということは確かに崇高な行いですが、それはイエスでなくても可能な行為です。古い日本の昔話や言い伝えにもときどきそういう話がありますが、それは人間にもできることなのです。

では、なぜイエスの十字架だけが特別なのかと言えば、それは、イエスが十字架によって死んだというところで終わらず、その後復活したからなのです。

つまり、人間の罪を背負って死んだというだけでは、極端な話、ただのいい人で終わってしまいます。しかしイエスは、確かにわれわれの罪の代償として死んだけれども、死んだままではなく、そこからよみがえった。そこには、罪と死に対する完全な勝利があります。そこに復活がなければ、人間としても、イエスの十字架に対して、自分たちの罪を背負って死んでしまった人がいる……という後悔しか持てませんが、しかしそこから復活したのだ、という一点において、十字架に希望を見出せるということです。

つまりイエスの復活は、「私たちの罪の代償として命まで犠牲にしてくれた」というだけでなく、「罪そのものを克服した」という、より深い次元での救いをもたらしてくれるわけで、そこまできて初めて、十字架がキリスト教のシンボルとなるわけです。

復活と生き返りは違う

「復活」といえば、普通は死んだ人間が生き返ることを指します。実際に聖書には、十字架につけられて死んだはずのイエスが弟子たちの前に現れて、「わたしの手や足を見なさい。まさしくわたしだ。触ってよく見なさい。亡霊には肉も骨もないが、あなたがたに見えるとおり、わたしにはそれがある」（ルカによる福音書24章39節）と言って、自分の肉体が生き返ったことを証明しようとしている場面があります。

しかし、イエスの復活という出来事は、実は肉体のよみがえり以上の出来事を示した概念であり、それはただの「生き返り」とは違う概念です。「生き返り」とは、死ぬ前の状態にもう一度戻ることです。ですからもし生き返ったとしても、以前と同じ限界を抱えた肉体に戻るわけですから、いつかは必ず、また死ぬことになります。

それに対してイエスの「復活」は、元の状態に戻ったということではなく、まったく新しい状態で、新しい命を生き始めた出来事だとされています。そしてこの命こそ、イエスが生前、「永遠の命」と言い表した命であり、もはやけっして終わりを迎えることのない命だ、と信じられているのです。

そしてこの復活によってもたらされた「新しい命」は、具体的にどういうものかはわからないので、神そのものについてと同じく、言葉で説明したり科学的に証明できるものではなく、信じるしかないものです。そもそも「永遠の」と言われても、私たち人間には「永遠」がどのようなものかすらわからないのですから、自分たちの考えうる範囲でおぼろげに想像するしかありません。

このように説明すると復活というものが抽象的な、言葉だけの概念のように思えるかもしれません。しかし実際の聖書の記事には、復活したイエスの姿がたいへん具体的に描かれています。先ほども紹介した「わたしの手や足を見なさい」という記事の他にも、イエスがたびたび弟子たちの前に現れては、一緒にご飯を食べたり、聖書の話を聞かせたりと、実に積極的に人間と関わっている様子が見て取れます。ここではむしろ「イエスは本当に肉体を持って復活したのだ」とあえて強調されているような印象を受けます。とすると今度は逆に、クリスチャンは本当にイエスが生前と同じ肉体を持って現れたと信じているのか？　といぶかしく思われてしまうかもしれません。

しかし、奇跡の記述に関してもすでに説明したように、聖書は「信仰者の証言」を集めたものです。ですから、これが科学的に証明できる事実であったかどうかは大切ではありません。「事実」の真偽に気をとられていると、「真実」が見えづらくなってしまいます。「真実」に目を向けて聖書を読むことが大事です。そのような見方で復活の記述を読めば、復活の記事を記した人々は、実際にどういう形であったかはわかりませんが、本当に復活したイエスに出会い、また、このような表現でしか伝えられない「復活」という出来事を、リアルに体験したのであろうと思えるのです。

それを裏づけるように、イエスが犯罪者として捕らえられ十字架につけられた時、あわてて逃げてしまった弟子たちが、その後突然、ある時期から、「イエスが復活した」「イエスは神だった」と言い始めています。イエスの弟子だったなどと言うと、まだ自分たちの身が危うくなるような時期に、です。この弟子たちの変化は、その間に「復活」という出来事に出会い、新しく生きる力を与えられたに違いないと確信するに足るほどの劇的なものです。

肉体を持ったイエス

復活したイエスが肉体を持って弟子たちの前に現れたという記述があるために、クリスチャンの間でも、イエスの死体はないはずだとか、いやあったとか、さまざまに論争が繰り広げられていますが、私はやはりそれは聖書のメッセージとまったく関係がないことだと思います。

ここで、復活のイエスが肉体を持って復活したと書かれているのは、なにもイエスが元の状態に戻ったということを表現したいためではありません。そうではなくそれは、イエスという存在が、確かに私たちが手で触れることができる「リアルな存在」だ、ということを表現した記述だったのではないかと私は考えています。つまり弟子たちは、かつてこんなすばらしい人がいましたよという思い出を書き残そうとしたのではなく、イエスは今も私たちと一緒にいる、ということを力強く言い表そうとしたのではないでしょうか。

ここに、復活のもうひとつの意味があります。すなわち復活という出来事は、イエスが過去の人などではなく、今もわれわれと共にいる存在だ、ということを示す出来事なのです。

新しい命の希望

そしてさらに、復活のもうひとつの意味は、それが私たちに「新しい命」の存在を示してくれるところにあります。

イエスが得た「新しい命」という存在があると知っていることで、今自分たちが生きている命、いつかは絶えてなくなってしまう命がすべてではない、死がすべての終わりではない、という希望が生まれます。それがどんな形かはわからなくとも、少なくとも今のこの生物学的な命がすべてではないのだ、と信じることで、新しい生き方が始まるわけです。

しかも、そのように「新しい命」に希望が持てるのは、イエスが私たちと同じ生物学的な命の終わり、すなわち死を経験したからです。イエスは十字架にかけられた時、「神の子なら、自分を救ってみろ」「十字架から降りてみろ」と人々から蔑まれたにもかかわらず、奇跡を起こして十字架から飛び降りることもせず、ひたすら苦しんで死んでいきました。クリスチャンが、イエスが示した「新しい命」に希望が持てるのはこのためなのです。

イエスが本当にわれわれと変わらない人間として、同じ生を生き、同じ死を死んだ、そして、そのうえで新しい命を得て、それと同じ命を私たちにも与えると約束してくれた――「新しい命」を自分自身にも与えられるものとしてとらえるためには、このことが大切です。いくらイエスが神々しい姿で現れようとも、人間と同じ死を経験していなければ、それは自分たちとは関係のない命になってしまいますから、イエスが私たちと同じように、いや、私たち以上に苦しんで死んだということにこそ意味があるのです。

復活に「神の愛」がある

これらすべての復活の意味を総合すると、「イエスは人間の罪を背負って、私たちがみな経験しなければならない死の苦しみを味わって死んだ、しかしその罪も死も乗り越えて、新しい在り方で復活し、いつも私たちと一緒にいる存在となってくれた。しかもイエスが『新しい命』という在り方を示してくれたことで、私たちも、今あるこの生物学的な生命をこえた何かがあると希望を持って生きることができる」ということになります。

このような復活の何重もの意味に、まさに「人間に対する神の愛」がもっとも強く表れている、とクリスチャンは考えるのです。なぜならイエスの十字架と復活の出来事すべてにおいて、人間側は何ひとつよいことをしていない、それどころかイエスを十字架につける大きな罪を犯したにもかかわらず、復活というものによって、無条件に許され、希望を与えられているからです。

この「復活」に表された壮大なスケールの「愛」を信じるクリスチャンは、だからこそ、自分自身が無条件に受け入れられている、という確信を持つことができるのです。

世界にはなぜ残酷なことがあふれているのか

神は全能ではないのか

クリスチャンは、神を信じ、神の愛により自分が受け入れられていることを確信している。しかし、そこまでは理解できても、信じることはなかなかできないでしょう。神を信じることに対する抵抗感というものはきっとあると思います。

たとえば、あまりにもひどいことが起こった時や、この世から不幸や不公平がいつまでもなくならないことを考えた時、「神様がいるとは思えない」「いたとしても、そんな神様をあがめる気にはなれない」という結論に至る人もいるでしょう。それはもっともな気持ちだと思います。

キリスト教の神は、「全知全能の神」と言われ、すべてを知っていて、何でもできる存在だとされています。しかし神が何でもできるというならば、どうしてこの世界にはこんなにも残酷なことや不条理なことがあふれているのか、そんな疑問は常につきまといます。実際に私たちが住むこの世界には争いが絶えず、貧困や飢えもなくなることがなく、今でも多くの尊い命が犠牲となっています。神が何でもできると言うならば、こういったひどいことを解決してくれてもいいじゃないか、と思います。

また、もっと個人的なレベルでは、たとえばつらい病気を抱えて生きなければならなかったり、大切な伴侶や子どもをなくしたりした場合、やはりいったいなぜ神はこんなひどいことをするのだろう、いったいあの人が、あるいは自分が何をしたというのだ、と憤りを覚えます。

実は私自身、数年前に妻の死に直面した時、そういった思いになりました。お互いに憎みあっているのならまだしも、まだ離れたくないと思っているのに、死によって分かたれてしまう。まさか自分よりも若い妻が先に逝ってしまうとは予想もしていませんでしたから、妻の死はやはり私にとって不条理以外の何ものでもありませんでした。親しい人との死別は誰もが経験することですから、あるいは私と同じような思いを抱いた人もいるかもしれません。「なぜこんなことを」――神に対するこの問いは人間にとって普遍的な問いだと言えるでしょう。

与えられたものを概観する

しかし、神が全知全能であり、世界のすべてをつかさどっているとするならば、私のこの命を与えたのも神です。妻の命を与えたのも神です。そしてさらには、私たちが生きていくうえで経験する喜びや楽しみを与えているのもまた神ということになります。つまり苦しみや悲しみを与えた神は、命そのものや喜びを与えた神と同じ神なのです。

それに思いを馳せると、与えられたものを棚上げにして、自分たちには理解できないこと、納得がいかないことに関してだけ神を責めるわけにはいかない、と気がつきます。

私の妻の死にしてもそうです。確かに妻の死は私にとって非常につらいことだったのですが、そもそもなぜこんなにつらいのかと考えると、それは妻と過ごした喜びの時間があったからです。もし彼女と出会っていなかったら、そして共に過ごす時間が与えられていなかったら、こんな悲しみもなかったわけですが、ではその出会いからしてすべてなかったほうがよかったのかと考えれば、やはりそんなことはありません。与えられていたものがあったからこそ、それが奪われた時に大きな悲しみがあるのです。

ですから、喜びが奪われたことへの怒りだけを神に訴えて、そもそもそれを与えてくれたことへの感謝を忘れ去ってはいけないなと思います。つらいことや悲しいことだけを切り取って、それに関してだけ神を責めるのは、偏ったものの見方なのではないでしょうか。

神を否定しようとも

とはいえ、妻の命が奪われてしまったことにやはり納得はいきません。「なぜこんなことを？」という問いは残っていますし、おそらくこれは死ぬまで続く問いだと思います。人間にとって、神のすることは、理解できないことだらけです。しかし逆に考えれば、この神への問いは、神が存在し、すべてをつかさどっていると「信じている」からこそ起こってくる問いです。

その意味で、たとえばあまりに不条理なことに直面して、神を憎み、あげくに神に罵詈雑言を浴びせかけたとしても、それもやはり信仰の形だと言えるのではないかと思います。相手に愛情があるからこそ腹が立つように、神という存在を前提としているからこそ神に抗議できるわけで、神への抗議もまた、神と結ばれている証拠と言えます。

さらには、目の前で起こったことのあまりのひどさに、もはや神などいないのだと思ったとしても、それすら「信仰がなくなった」ことと言えるかどうかわかりません。

なぜなら、「自分は神を信じる」「信じない」というのは、あくまでも人間側の主観であって、信仰と主観は違うものだからです。「信仰」とは、神との関係性を表す言葉です。そしてそれは、主観的な確信に左右されるようなものではないのです。

これは、たとえば自分がそっぽを向いていたとしても、相手がじっとこちらを見つめていたら、その人との関係が切れていることにならないのと同じです。自分が確かにきちんと神を信じている、神のほうを向いていると思っていても、実はまったく見当違いの方向を向いているかもしれない。その可能性と同じく、自分はもう神のほうを向かない、神など信じないと思っていても、神としっかり結ばれ続けているかもしれないのです。そういう意味で、「信じている」という主観的な確信がなくなったからといって、一概に「信仰」がなくなったとは言えません。スイッチをオンオフするように、自分で関係をコントロールできるようなものでもありません。神との関係もまた、私たち人間側の判断を超えたところに存在しているのです。

人間の責任

ですから、神に「なぜなのか」と問い続けることもまた、むしろ信仰の表れです。しかし「何のためにこんなことを？」というこの悲痛な問いは、神に向けられるだけではなく、自分自身にも向けられるべきものと思います。神に疑問を持った時こそ、実は自分にも「ではお前は何をするのか？」という問いかけをする機会とも言えるのです。

すべて神がよいように取りはからってくれるのをじっと待って、自分が何もせずにいるのでは、生きている意味がありません。人間には、神への問いと同時に、自分自身の力ですべきことをも考え、実行していく責任もあるのです。なぜなら人間は、ただ神に動かされている操り人形ではなく、自らの意志で動く力をも与えられているからです。

なぜこの世界にはこんなに残酷なことがあふれているのか。それはわかりません。けれどもその問いが、いつも私たち自身の責任をも問うものであるべきだと私は考えています。そして、「世界の不幸を救えない神は信じられない」ではなく、「なぜ？」という問いを発しながらも、自分に与えられているものに目を向け、同時に、自分が何をなすべきなのかを考え続けたいと思うのです。

神とは何か

イエスと神は同じなのか

これまでいく度か、キリスト教ではイエスを通してのみ神を知ることができるとされている、と言ってきました。しかし、「イエス」と「神」とをあまり区別せずに使ってきたため、そもそもイエスと神はどういう関係なのか？　イエスは神そのものなのか、あるいは神とは別の存在なのか？　と、少々混乱している人もいるかもしれません。

「三位一体」という言葉を聞いたことがあるでしょうか。この言葉は、特に昨今の日本では「三位一体の改革」などというように、三つの要素が結びついているという意味で用いられていますが、もともとはキリスト教の教義の言葉で、神がどのようなものかを言い表した言葉なのです。

すなわち、神には「父なる神」と「子なるキリスト」と「聖霊」という三つのペルソナ（位格）があるが、その本質はひとつの神である、という考え方です。これはかなりわかりにくい概念ですが、いわば、この三つのペルソナはひとつの神がどのように現れるかの違いであって、神は唯一のものである、そしてこの三つのペルソナは、どれがどれに従属するのでも、どれが一番偉いのでもなく、それぞれがすべて完全なる神である、ということなのです。

この考え方からすると「神の子」と言われるイエスも、神そのものだということになります。「父」と「子」という言葉が、どうも「父」という神がいて、その使いとして「子」イエスがこの世に降りてきました、といったような印象を与えてしまうのですが、実はそうではなく、イエスは神自身であって、「父」と「子」とは神の現れ方の違いを表した言葉にすぎないということです。

イエスが預言者でも神の使いでもなく、神自身であるからこそ、神がどのような存在であるのかを教えることができたのだ、と考えるのがキリスト教の立場です。そして、イエスが教えてくれた神以外の神、人間が勝手に考え出した神を「偶像」と呼んで、厳しく禁止したわけです。

神を定義する

しかし私たちには、未知なる「神」を知りたいという願望がいつもあるようです。これは何もキリスト教徒に限ったことではなく、他の宗教を信じる人々はもちろん、宗教を信じていないという人にも言えることです。もし自分をつくった何ものかがいるのならばそれがどういう存在か知りたい、あるいは「運命」と言われるような事柄をつかさどっている存在がいるならば知りたい、という思いはすべての人にあるのではないでしょうか。未知なるものへの好奇心は、人間にもともと備わっているものなのではないかと思います。そして人はその思いから、何とか神を定義できないものか、と考えてきました。これは哲学においても根本的な問いです。

しかし、人間に神を定義することはできません。なぜなら、何かを定義づける、それに名前をつけるということは、それを限界づけるということだからです。神は人間に理解できない、はかりしれない存在であるからこそ、神なのです。それを完全に知り、理解し、結論づけることができるものは神ではないということになります。

旧約聖書にも、こんな話があります。エジプトで奴隷にされて苦しんでいるイスラエルの人々を導いてエジプトを出るよう神に命じられた預言者モーセが、神に名前を尋ねるのです。「きっと人々は私が神からそう命じられたと言うと、『お前を遣わした神はなんという神だ』と聞くでしょうから」と。すると神は「わたしはある。わたしはあるという者だ」とだけ答えました（出エジプト記3章14節）。

この物語にも、神はただ、確かに「ある」もの、存在しているものというだけで、それ以上の定義づけも名づけも不可能な存在だということが表現されています。

それでも神という存在を定義する試みは、これまで神学や哲学の分野で果てることなく続けられてきました。神はけっして私たちにはわからない、しかし知りたい、その両方の思いから、ついには「否定神学」と言われるものも生まれているのです。これは、私たちには「神は〇〇である」というふうに定義することはできないから、反対に、少なくとも「神は〇〇ではない」と否定できることを挙げて、それを積み重ねることで神がどのような存在かを認識しよう、という涙ぐましい試みです。実に人は、それほどまでに神なるものに近づきたい存在なのだなとしみじみ思わされます。

わからないから信じる

しかし、神はこういうものだという結論を出すことができなくとも、神を知りたい、近づきたいと思い続けることは、まさに信仰のひとつの形であろうと思います。

これまでも再三、信仰とはすべてを理解したから信じることではないと述べてきましたが、まさにその通りで、神は人間には理解し得ないものだからこそ、信じる対象となるのです。未知なる存在を「知りたい」と思うからこそ、私たちはそれを信じるのです。

アウグスティヌスも「信じるために知りたい、という人がいる。しかし、私はその人に、知るために信じなさい、と言う」と述べています。理解できるものを「信じる」必要はありません。けっしてわからないからこそ、それは信じる対象となります。

キリスト教では、完全に神であるイエスが、人となってこの世界で生き、また神の姿を伝えてくれたと信じていますから、私もクリスチャンとして、イエスを通しておぼろげながらに神を見ることができると信じ、聖書からその手がかりをつかもうとしています。が、もちろんそこから神の全容がわかるわけではありませんし、神が自分には知り得ない存在であることには変わりありません。

命の贈り主に応える

ただ、それにもかかわらず、私は自分が神に出会ったという実感を確かに持っています。それは前にもお話したとおり、五十年以上信仰者として生きてきて次第に得られた確信であり、たいへん個人的なものなので、「定義」とはほど遠い感覚的なものですが、あえて言葉にすれば、私が出会った神は「生命の源」であり「自分の存在と命の贈り主」であり、そしてまた前述したように、私を見つめ続けている「まなざし」のような存在と言えると思います。そのような神のイメージは、自己理解と深い関係があるように思います。生きている中で自分とは何かが少しずつわかってきたことによって、神のイメージがより具体的になったような感じがするのです。そして今感じている神のイメージを語るには、自分をじっと見つめている「まなざし」という表現がぴったりするように思われます。

その「命の源」である神を信じた時、では自分のこの命が何のために与えられたのだろうという問いがおのずと起こってきます。自分がここに命を与えられたということは、きっと何か意図があったからであろう、もしそうならば、命を与えてくれた意味を知りたい、贈り主の意図に応えたい、と思うのは自然なことです。そしてイエスが教えてくれた神は、常に私たちに関わり続けている神ですから、キリスト教の立場としては、こちらも常にその意図を探り続けていくことができるし、そうすることが大切だと思うわけです。

確かに、今自分がここに生かされているということは、本当に不思議なことです。他のいつでもなくこの時代に、しかも他のどこでもなくこの環境に、なぜ、自分が存在させられているのか。ここに贈り主のなんらかの意図があるはずだと考えたとき、私たちにはその意図を探り続け、応えようとする義務があるでしょう。もちろんその意図をはっきり知ることはできないのですが、しかし応えていかなければいけないことは確かです。そしてその意図を探るために、「会話」としての祈りが、それこそ四六時中必要となってくるのです。

「使命」は「命を使う」と書きます。自分の命は与えられたものであって、自分で生み出したものではないという当たり前のことを実感した時、人間は自分に与えられたこの命をどう使うかということを考え始めます。そして絶えず「何のために自分が生かされているのか」ということを問い続けていく、これが信仰の立場であろうと思います。

つまり信仰を持つということは、自分に命を与えてくれた存在に応える生き方をしようとすること、そのために問い続けていくということなのではないでしょうか。自分の奥底に、自分自身の存在が肯定されているという絶対的な安心感があるがゆえに、それを問い続けていくことができる。そしてまた、それによって次第に自己理解も変えられ、神のイメージも変わり続け、それがまた新しい自分の発見につながる。そんな営みが「信仰を持つ」ということだと思います。

その意味で、信仰とはけっして非日常的なものではなく、ごくごく日常的な生活にどのように向かうかという態度のこと、生きる姿勢そのもののことなのです。

あとがき

拙著『イエスはなぜわがままなのか』を出してから八年が経ちました。まえがきにも書きましたように、自分が何か書きたいと思って出したわけではなく、問われるままに当時思っていたことを座談形式で自由に話し、それをまとめたものですから、一貫したテーマもありませんし、今ならばまた違った書き方をしたかもしれません。しかし、書き直すエネルギーもありませんので、中途半端な書き直しはせずに、本文は原著出版時のままにしました。仲間からも評判の悪いタイトルだけは変更しました。

健康だった妻が突然ガンと診断され、しかも余命半年という宣告を受けて、あっという間に召されてしまい、自分の信仰生活についていろいろと考えていた時期でしたので、編集者とライターさんとの話し合いは、自分を見つめ直し、考えを整理するのによい機会になりました。また一般書の一冊として出版されたために、教会へ行ったことはないが何となくキリスト教に興味があるという読者の目に触れたようで、そういう読者の感想がたくさんネットに書き込まれて、大変参考になりました。

直接に手紙をくださったり、自分たちの教会で話してほしいとお招きいただいたり、いろいろな新しい出会いを経験できたことは望外の喜びでした。その時のアスキー編集者の杉原節美さん（彼女はわたしがかつて勤めていた大学の卒業生で、出身小学校が同じというおまけもありました）と、ライターの工藤万里江さん（不思議なご縁で今回は再版の編集者として彼女のお世話になりました）に、あらためて感謝します。

ネットに書き込まれた拙著に対する感想を読んでいて、気づいたことがあります。知識欲旺盛でキリスト教にも興味のある人たちが多いこと、しかし信仰を自分自身の問題として考えようとしないこと、です。いろいろな宗教の知識は持ちながら、それを自分の問題としては考えないで他人事のようにすませている、そのような印象を受けました。これは信仰の問題だけに限ったことではなく、他の領域でも同じなのかもしれません。そうだとすれば寂しいことです。このような人たちは、たとえ拙著を読んでネットに感想は書いても、教会へ出かけようなどという気持ちはさらさらないでしょう。日本における伝道の難しさをあらためて思いました。

しかし一方で、わずかな経験ですが、礼拝出席十名あるいは二十名という、地方の小さな教会が、八十年、九十年という歴史を刻んでいるのを見ると、励まされます。大都会の大きな教会にいては気づかないことです。やがて伝道百六十年を迎えますが、考えてみると日本はまだまだ歴史の浅い開拓伝道の時代と言えますから、妙な先進国意識になど惑わされないで、やっとこの地にも福音が伝えられたという新鮮な気持ちで、これからも教会が誠実にまた地道に福音を伝えるわざを歴史として刻み続けていけたらと願っています。

終わりになりましたが、再版に当たって励ましや助言など、いろいろとご配慮いただいた新教出版社の小林望社長に心から感謝申し上げます。

二〇一六年五月

岡野昌雄

著者紹介
岡野昌雄（おかの・まさお）
1939年東京生まれ。国際基督教大学卒。京都大学大学院文学研究科博士課程修了。文学博士。専門は西洋古代中世（ギリシア、ラテン）の哲学。1968年から国際基督教大学に勤務、現在同大学名誉教授。2003年から2011年までフェリス女学院の学院長を務める。日本基督教団国立教会会員。著書に『アウグスティヌス「告白」の哲学』（創文社）など。アウグスティヌスの著作のラテン語からの日本語訳なども手がける。

信じることをためらっている人へ

キリスト教「超」入門

2016年 5月31日　第1版第1刷発行

著者
岡野昌雄

発行者……小林望
発行所……株式会社新教出版社
〒162-0814 東京都新宿区新小川町 9-1
電話（代表）03 (3260) 6148
印刷・製本……株式会社カシヨ

ISBN 978-4-400-52728-2　C1016